屠呦呦傳

Tu Youyou

幼年屠呦呦和母親，
這是目前能找到的屠呦呦的最早照片。

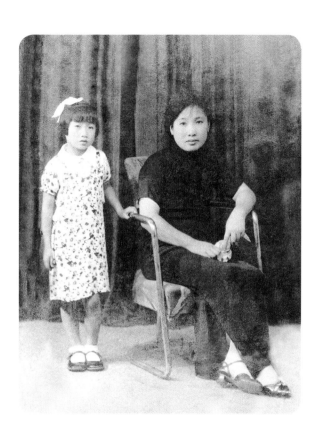

1963 年，屠呦呦與李廷釗年輕時合影。

1996 年，全家福。

（左起：大女兒李敏、屠呦呦、李廷釗、小女兒李軍）

序

　　屠女士獲頒今屆諾貝爾醫學獎（2015 年），給中國醫學界帶來莫大的鼓舞。她是第一位取得此項榮譽的中國科學家。讀者也許不禁會問：她的成功之路是怎樣走出來的呢？

　　成功並非僥倖，屠女士當然也不例外。和很多偉人一樣，她認定了目標，便專心致志，即使承受許多困難和考驗，也絕不氣餒，輕言放棄。

　　她精於中西醫藥的研究，是研發青蒿素治療瘧疾的先驅。青蒿入藥，在中國已有兩千年的歷史。本書提到，東晉葛洪《肘後備急方》載有「青蒿一握，以水二升漬，絞取汁，盡服之」一方；這寥寥十五字看似平常不過，在屠女士眼中，卻是一條難得的線索，引領她鍥而不捨地追尋答案。經過多次嘗試和失敗，她和她的團隊，終於找到能殺滅瘧原蟲的青蒿乙醚中性提取物。她以現代醫學科技，運用古人的智慧，

為無數瘧疾病人帶來希望。

　　屠女士受人敬佩，不僅是因為她嚴謹的治學態度；其膽識和犧牲精神，也堪受世人景仰。為了儘快進行青蒿乙醚中性提取物的臨床試驗，她不惜自薦試藥，成功後即趕赴海南昌江疫區邀請病者參與臨床測試。到了今天，以青蒿素為基礎的聯合療法，獲得世界衛生組織推薦，受益的又豈止是昌江一隅？最難得的，是她不吝於與別人分享研究成果，使青蒿素的功效得以廣為流傳。

　　三聯書店出版的《屠呦呦傳》，資料詳盡，將屠女士的奮鬥故事娓娓道來，我相信這本書必能廣受讀者歡迎。我尤其希望有更多年輕朋友和學者，能受她的啟發，無私地為人類貢獻所知所學。

沈祖堯

香港中文大學校長

目　錄

—

2015 年 11 月 19 日，屠呦呦與瑞典駐華大使羅睿德交流赴瑞典領取諾貝爾獎等活動情況。

引　言

　　當地時間 2015 年 10 月 5 日上午 11 時 30 分，瑞典首都斯德哥爾摩，卡羅林斯卡學院諾貝爾大廳，擠滿了來自世界各地的記者。在眾人注視之下，諾貝爾生理學或醫學獎評委會常務秘書烏爾班·林達爾和三位評委一步步走上發佈台。

　　林達爾面帶微笑，先後用瑞典語、英語宣佈，2015 年諾貝爾生理學或醫學獎授予中國藥學家屠呦呦以及愛爾蘭科學家威廉姆·坎貝爾和日本科學家大村智，以表彰他們在寄生蟲疾病治療研究方面取得的成就。2015 年諾貝爾生理學或醫學獎獎金共 800 萬瑞典克朗（約合 92 萬美元），屠呦呦將獲得獎金的一半，另外兩名科學家將共享獎金的另一半。

　　就在林達爾發佈這一信息的同時，他身後的大屏幕上，隨之出現了三位獲獎者的照片和簡介。照片中的屠呦呦戴着

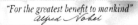

一

這是 2015 年 10 月 5 日諾貝爾獎官方網站發佈的照片（左起：愛爾蘭科學家威廉姆·坎貝爾、日本科學家大村智、中國藥學家屠呦呦）。

眼鏡，嘴角微微帶笑地注視着正前方，簡介中寫着「生於
1930 年，中國中醫科學院，北京，中國」。

　　此時是北京時間 2015 年 10 月 5 日下午 5 時 30 分。
已成為全世界媒體都在尋找的採訪對象屠呦呦尚渾然不知，
她正在洗澡時，在客廳看電視的老伴突然告訴她：「你獲獎
了！」

　　起初，屠呦呦並未在意，她認為是華倫‧阿爾波特獎
的消息。很快，賀信和鮮花紛至沓來，一批批記者爭相採訪
她。諾貝爾獎獲得者的身份，讓屠呦呦迅速處於一種她並不
習慣的熱鬧之中。所有人都在為屠呦呦的獲獎而興奮異常，
因為歷史已因她的這次獲獎而改寫 —— 中國首次獲得諾貝
爾獎的女科學家、中國醫學界迄今為止獲得的國際最高獎
項、中醫藥成果獲得的最高獎項。

　　北京時間 2015 年 10 月 6 日下午 13 時，屠呦呦接到
林達爾的正式致電，通知她獲獎的消息並表示熱烈祝賀，誠
摯邀請屠呦呦於 2015 年 12 月赴瑞典參加諾貝爾獎頒獎大
會。屠呦呦一如既往地淡定，耄耋之年的她在回應時，着重
提及的是「這不僅是個人的榮譽，更是國際社會對中國科學

工作者的認可」。

諾貝爾獎，不僅是一個巨大的榮譽，更是為屠呦呦幾十年的默默堅守所補寫的一個最佳註腳。

或許正是這種內心平靜的力量、淡泊名利的境界和追求真理的勇氣組成了科學大家的「品格配方」。成百上千次反覆的嘗試，枯燥、寂寞，沒有非凡的毅力、崇高的理想就不可能戰勝失敗的迷茫，就不可能找到突破口，也就不可能獲得非凡的成就。

任何科學創新看似機遇，其實來自非凡的洞察力、寬廣的視野和頑強的信念 —— 為保證病人用藥安全，屠呦呦帶頭試服；為取得第一手臨床資料，她在海南瘧區奔走，高溫酷暑之下，餵患者服藥 …… 對於屠呦呦而言，這是她已深入骨髓的醫者大愛與仁心，更是其「久久尋蒿」的力量源泉。

85 年前，當屠呦呦的父親從《詩經‧小雅》中擷取「呦呦」二字為女兒取名時，大概也未曾預料到，女兒的整個職業生涯會與青蒿 —— 這種神奇的傳統草藥相伴始終。他更不會料到，女兒會通過對這種草藥的研究而拯救無數生命。

作為中國第一位獲諾貝爾獎的女科學家，她有哪些故事？她有怎樣的經歷？讓我們通過本書一道來尋訪這位偉大科學家的不凡人生，一同品味她帶給我們的諸多啟示⋯⋯

父親吟完「呦呦鹿鳴，食野之蒿」，
又對仗了一句「萵草青青，報之春暉」。

第一章

呦呦初鳴

1930年代的寧波城

翻開中國地圖，你可以看到寧波是一個海港城市。

寧波的歷史可以追溯到 7000 年前的河姆渡文化。夏朝時，寧波所在地區稱為鄞。唐朝，稱寧波為明州。同時，寧波依靠地理優勢成為全國最大的開埠港口，與日本、高麗均有頻繁的貿易往來，對外貿易的進一步發達使得寧波成為海上絲綢之路的出發地。元代，寧波已經成為南北貨物的集散地和全國最為重要的港口之一。清代，寧波出現了著名學派浙東史學，與西方的交流也日漸頻繁。鴉片戰爭後，1844 年，寧波開埠。外資的進入使得寧波本土經濟受到重創。此時，寧波商幫開始轉變為近代商人並將新興的上海作為主要活動地點，對上海的城市建設和上海的文化產生了重要的影響。中華民國時期，寧波經歷戰亂，經濟發展起伏很大。1927 年 1 月至 2 月，國民革命軍擊敗軍閥孫傳芳，進入寧波。衝突與動蕩直到 20 世紀 30 年代方才有所緩解。

屠呦呦正是在這個動蕩的年代於寧波降生。

1930 年 12 月 30 日的黎明時分，居於寧波市開明街 508 號的屠家，傳來了嬰兒「呦呦」出世的聲音，迎來了屠家繼三個兒子後終日所盼的「千金」。

　　哭聲呦呦，猶如鹿鳴。

　　孩子的哭聲使父親屠濂規沉浸在幸福之中。他隨口吟誦出《詩經》中著名的詩句「呦呦鹿鳴，食野之蒿 …… 」。

　　「女詩經，男楚辭」是中國人古已有之的取名習慣。於是父親便給小女取名呦呦，呦呦之聲永遠地蕩漾在父親的聽覺之中，以表示他對於女兒的喜愛、期待和慶賀。

　　父親吟完「呦呦鹿鳴，食野之蒿」，又對仗了一句「蒿草青青，報之春暉」。似乎這才哲理，這才完美。這四句滿滿童話的詩，使呦呦度過了詩意的童年。

　　尤其是「蒿草青青，報之春暉」，竟使千金呦呦一生就此與青蒿結下了不解之緣。

　　整個少年時代，屠呦呦一直生活在開明街 —— 這片地處寧波中心城區的「蓮橋第」區域，令屠呦呦從童年起，就浸染於舊時寧波最為精緻、也最具江南氣息的文化氛圍中。

在這裏，五方交匯，八面來風，光怪陸離的古老中幡、肚皮拉車等民間雜耍，拍案叫絕的皮影戲、木偶戲等民間傳統藝術，讓人目不暇接，歎為觀止。漫步於商業作坊街，能看到瀕臨絕跡的造紙、釀酒、榨油、打鐵等傳統行當。擠身民間小吃坊，江南小吃薑糖、打年糕、老嫩豆腐也應有盡有。尤其清晨街邊的叫賣聲，清脆悅耳，讓你乘興而來，盡歡而歸，在娛樂中感受民國滄桑，在休閒中領略百業精彩。這些都印刻在屠呦呦幼年的記憶裏，永不泯滅。

從這片水鄉美景向東步行 20 分鐘左右，則是 20 世紀 30 年代寧波城的另一處精華所在 —— 三江口。姚江和奉化江，一個由北而下，一個由南而上，相匯於此處，然後合二為一，投身甬江，經鎮海的招寶山入海口後，向着東海奔騰而去。一時間，寧波人可以將大半個中國納入其貿易視野。與此同時，三江口的江廈碼頭也一度興盛不已，千帆競發，百貨流通 …… 於是便又有了那句俗話，「走遍天下，不及寧波江廈」。

不過，在屠呦呦的童年記憶中，商人們在江面揚帆而

國畫《呦呦鹿鳴》（孟晴）

去，一定不如距家不到兩公里的「天一閣」更具有吸引力。

寧波人的驕傲，來自於「書藏古今，港通天下」。天一閣中珍藏的城市文脈，對寧波人而言，在港通帶來的物質財富之上。

這是一座坐落在寧波月湖之西的藏書樓，之所以成為寧波的獨特城市印記，是因為它是中國現存最古老的私家藏書樓，也是亞洲現存最古老的圖書館和世界最早的三大家族圖書館之一。

身處天一閣中，撫摸刻有歲月痕跡的廊柱，行走在綠蔭蔥蔥的院落中，嗅聞濃濃書香，其實也是回顧中國文化保存和流傳的艱辛歷程。這座藏書樓傳承着中華文化薪火，一邊記錄歷史進程，一邊惠澤一代代後世子孫，可領略中國博大精深的儒、釋、道三教文化。

與寧波城兩大地標比鄰而居，無疑讓屠呦呦的開明街記憶更加具有寧波味道。

開明街 26 號姚宅，是屠呦呦外婆家，承載了屠呦呦另一段少年時代的記憶。

這是一幢開明街上當下僅存的民國建築。由屠呦呦的

外公姚詠白興建。在素有尊師重道之風的寧波，姚詠白曾任上海法學院、復旦大學、大廈大學教授。

這幢坐北朝南的建築，由前廳、大廳、正樓、後屋組成。前廳和大廳為三間二弄的二層樓房。飾車木欄杆，廊樓板端面有捲草紋雕飾。正樓為面闊三間一弄、進深五柱的高平屋，五脊馬頭山牆。後屋為三間一弄硬山式高平屋。踏過空蕩蕩的大廳，可見一個不寬敞卻溫馨的小院子。一株高大的喬木用繁茂的枝葉掩起了正樓的面貌。初秋時節，落葉會悄然鋪滿院子。

1937 年，日本全面侵華，1941 年，寧波淪陷，屠家在戰火中無法居住，屠呦呦隨父母被迫遷入姚宅，一直居住到 1951 年上大學。

姚宅的鄰居中，曾匯集大批名人故居，包括元代「甬上第一學士」袁桷、寧波幫巨子李鏡第、一代郵票設計大師孫傳哲 …… 堪稱文人薈萃、望族雲集。

在屠呦呦之前，姚宅最出名的，是她的舅舅 —— 著名經濟學家姚慶三。

生於 1911 年的姚慶三，1929 年畢業於復旦大學，隨

位於寧波市開明街 26 號的姚宅，由屠呦呦外公姚詠白興建。屠呦呦從 11 歲起在這裏生活，直到考上大學（上圖：姚宅庭院；下圖：姚宅俯視全景）。

後留學法國，畢業於巴黎大學最高政治經濟系。歸國後，1931 年起他開始任職於上海交通銀行總管理處，投身於中國貨幣研究。1934 年，姚慶三的專著《財政學原論》出版，這也是中國最早的財政學教科書之一。

1934 年 6 月，美國通過購銀法案，使國際銀價上升，中國白銀大量外流。對此，南京國民政府即使開徵白銀出口稅，也未解決問題。這在當時的經濟學界、金融界也爆發了一場有關白銀問題與改革幣制的大討論。持不同觀點的經濟學家馬寅初，與支持貨幣改革的姚慶三等學者展開了論戰。

直至 1935 年 11 月，姚慶三等學者的觀點得以採納，法幣改革開始，這是中國貨幣體系現代化過程中邁出的關鍵一步。

姚慶三與經濟學大家凱恩斯也緣分頗深。可以說，將凱恩斯學術思想引入中國，並留下中國第一批研究凱恩斯理論文獻的人，正是姚慶三。

1953 年起，姚慶三開始在新華銀行香港分行任職，並於 1979 年調任中國建設財務有限公司（香港）任職至 1985

姚慶三所著的《財政學原論》及其贈友人手書

年。這兩家機構，皆為香港中銀集團的前身之一，從 42 歲到 75 歲，姚慶三為祖國海外金融事業的繁榮貢獻良多。同時，姚慶三也是屠呦呦父親進入銀行界的引領人。

這個出色的舅舅頗受呦呦敬仰，成為她一生的榜樣。

家學淵源

與整個寧波重教之風相應，按照父母的安排，屠呦呦開始了求學之路。女孩也要去讀書，這與屠家對子女教育一貫的重視密不可分。

1935 年，5 歲的屠呦呦被父母送入幼兒園，一年後，進入寧波私立崇德小學初小，成為一名小學生。11 歲起就讀於寧波私立鄮西小學高小，13 歲起就讀於寧波私立器貞中學初中，15 歲起就讀於寧波私立甬江女中初中。

長得還蠻清秀，戴眼鏡，梳麻花辮，一個寧波小娘的樣子，這是老輩的家鄉人，對屠呦呦青蔥歲月的印象。

屠呦呦的父親屠濂規生於 1903 年，是年為清光緒二十九年，九年之後，清王朝滅亡。因此，在已開風氣之

—
屠呦呦的父親屠濂規、母親姚仲千。

先的當地，作為寧波屠家第二十世的屠濂規，接受的教育一直頗為西化，從鄞縣第一高等小學畢業後，又就讀於效實中學。對於子女，屠濂規也給予了與自身教育經歷相似的安排，屠呦呦的三個哥哥都接受了良好的教育，作為家中唯一的女孩，屠呦呦同樣從小就開始接受了完整的教育。

只是，屠呦呦的學生生涯，從 1946 年始中斷了兩年多。這一年，16 歲的屠呦呦經受了一場災難的考驗 —— 她不幸染上了肺結核，被迫終止了學業。此時，經歷了戰亂洗禮的屠家，生活已變得十分拮据。得了肺結核，對這個小女孩的考驗可想而知。

所幸的是，經過兩年多的治療調理，屠呦呦得以好轉並繼續學業。這段患肺結核的經歷，在屠呦呦看來，正是自己對醫藥學產生興趣的起源。「醫藥的作用很神奇，我當時就想，如果我學會了，不僅可以讓自己遠離病痛，還可以救治更多人，何樂而不為呢？」

一代藥學家的原始起點，就是來自於這種「治己救人」的樸素願望。

呦妹

學問是無止境的，所以當你局部成功的時候你千萬不要認為滿足當你不幸失敗的時候你亦千萬不要因此灰心呦，學問決不能使誠心求她的人失望

兄 恒學 贈於龍口

33.1.10

—

屠呦呦的哥哥屠恆學贈予妹妹的照片。照片背後題語：「呦妹：學問是無止境的，所以當你局部成功的時候，你千萬不要認為滿足，當你不幸失敗的時候，你亦千萬不要因此灰心。呦呦，學問決不能使誠心求她的人失望。」（是年屠呦呦 14 歲）

家庭的熏陶，也讓屠呦呦對醫藥漸生興趣。父親屠濂規是銀行職員，平時則喜好讀書。家中樓頂那個擺滿古籍的小閣間，既是父親的書房，也成為屠呦呦最愛的去處。父親去看書時，屠呦呦也會坐在一旁，裝模作樣擺本書看。雖然看不太懂文字部分，但是中醫藥方面的書，大多配有插圖，這讓屠呦呦十分享受那段簡單而快樂的讀圖歲月。

作為父母唯一的女兒，她備受疼愛，曾讓許多同學羨慕不已的是：屠呦呦喜食香螺，在繁忙的求學生活中，媽媽總會親手做好醃香螺，捎給自己心愛的女兒。

擅長生物的高中生

1948 年，休學兩年病情好轉後，18 歲的屠呦呦開始進入寧波私立效實中學高中就讀，也與父親屠濂規成為校友。

這是一所頗為傳奇的學校。創立於 1912 年 2 月的效實中學，由中國早期物理學家何育傑以及葉秉良、陳訓

正、錢保杭等一批當時著名的科學家，與寧波當地實業家李鏡第聯手創辦。學校以「私力之經營，施實川之教育，為民治導先路」為宗旨，創校之初就提出了「教育之事，貴有適性，與人適意志，與地適風尚，與時適際遇」的教育理念。

學校辦至 1917 年時，就已聲名鵲起。名校上海復旦大學及聖約翰大學均與效實中學訂約，凡效實中學畢業生皆可免試，直接保送入學。

1948 年 2 月，當屠呦呦以同等學力的身份，進入效實中學讀高中一年級時，學校從抗日戰爭的戰火中走出還不到三年。在 1941 年 4 月寧波淪陷後，直至 1945 年 10 月 25 日，效實中學才得以復校，這一天，也成為後來的寧波效實中學校慶紀念日。

這所以「忠信篤敬」為校訓的中學，有着令人嘖嘖稱奇的院士校友群體。迄今為止，這裏已走出了 15 名中國科學院、中國工程院院士。與天津的南開中學，北京的四中、匯文中學頗為相似。

在 1955 年，就有三位從效實中學走出的科學家當選

效實中學中山廳

屠呦呦高中學籍冊剪影

中國科學院院士 —— 化學家紀育灃，1916 年肄業於寧波效實中學舊制第三屆；實驗胚胎學家童第周，1922 年畢業於寧波效實中學舊制第九屆；土壤農業化學家李慶逵，1930 年肄業於寧波效實中學高中部。1980 年，又有五位曾經的效實學子 —— 地球物理學家翁文波、土壤化學家朱祖祥、遺傳育種學家鮑文奎、核物理學家戴傳曾、醫學家陳中偉，當選為中國科學院院士。1995 年，則有五位當年的效實學子，包括材料科學家徐祖耀、電磁場與微波技術專家陳敬熊、核技術應用專家毛用澤、無機化工專家周光耀、核武器工程專家胡思得，分別當選中國科學院院士和中國工程院院士。1997 年，又有兩位效實校友 —— 電子信息系統工程專家童志鵬、土木結構工程和防護工程專家陳肇元，當選為中國工程院院士。

這 15 位「產」自效實的院士，也成為寧波作為「院士之鄉」的最好註腳。

雖身在名校，高中階段的屠呦呦，整體課業成績並不算拔尖。當年，這位在效實中學的學號為 A342 的女生，高中學籍冊和成績單中清晰地列着 —— 語文平均成績

一

1949 年 3 月 9 日，屠呦呦與同學在野外合影留念。照片背後題語：「盛開的菜花田中印上了我們的足跡。」

71.25 分；英語平均成績 71.5 分；數學平均成績 70 分；生物平均成績 80.5 分；化學平均成績 67.5 分。

生物成績能如此突出，也源於屠呦呦對生物課的偏愛。每次生物老師在課堂上講課，屠呦呦都聽得津津有味。有一次，老師開玩笑似的說：「如果其他同學都能像屠呦呦一樣勤學好問，認真聽講，我即使再辛苦也開心！」

屠呦呦自己說，「那時的我很文靜、很低調。」同學陳效中回憶：「她很普通，衣服穿得也很樸素，不是特別引人注目，屬於默默無聞型的。」

效實中學對於屠呦呦，除了學習，還有另一層淵源 —— 她正是在這裏和比她小一歲的李廷釗成為同班同學。當時在班中交流甚少的二人，未曾想到，多年之後會成為夫妻。

1950 年 3 月，屠呦呦轉學進入寧波中學讀高三，這是她在寧波求學生涯的最後一年。

屠呦呦就讀於寧波中學時的班主任徐季子老師，曾給這名當時並不起眼的女學生寫下鼓勵的評語：「不要只貪念生活的寧靜，應該有面對暴風雨的勇氣。」

少年屠呦呦

1950 年，讀高中時的屠呦呦。

值得關注的是，寧波中學與屠呦呦同期的 1951 屆高中畢業生，同樣人才輩出，包括北京大學原常務副校長王義遒、中科院院士石鍾慈、著名學者兼出版家傅璇琮等人。

1951 年的夏天，已是高中畢業生的屠呦呦認定，自己的求學之路還將繼續。考上大學，自然成為她的新目標。

考前填報志願時，素來喜歡自己拿主意的屠呦呦大筆一揮，給自己報了北京大學醫學院（原名北京醫學院）藥學系。當時，內地開設藥學系的大學尚寥寥無幾，北大醫學院藥學系更是其中翹楚。但在並無醫學家傳的屠家，屠呦呦的選擇顯得頗有個性。其實，高中時身患肺結核後被治癒的經歷，已讓少年屠呦呦對醫學心嚮往之。為何要學藥？則是因為她覺得，用藥正是治療疾病的主要手段。

那時，新中國尚未迎來統一命題、統一考試、統一錄取的高考時代，全國分為東北、華北、西北、華東、中南、西南六區，由同一地區的高校進行聯合招生。北大清華等名校皆屬於華北區。

按照規定，作為浙江考生，有志北上求學的屠呦呦，

需要離開已生活 20 多年的老家寧波，前往省會杭州參加考試。三天時間裏，尚未滿 21 歲的屠呦呦在考點浙江大學校園裏，完成了自己的高考征途。

當時，華北區高校的錄取榜，會登載在《人民日報》《光明日報》等報紙上，於是，在等待發榜的日子裏，沒事兒就去翻翻這幾份報紙，也成為屠呦呦那段時間的習慣。

當 1951 年的夏季即將到尾聲時，屠呦呦接到了北京大學寄來的錄取通知書，她即將啟程，北上入京，開啟自己在高等教育階段的求學生涯。

在那個年代，身為女孩能夠在接受完高中教育後繼續讀大學，屠呦呦覺得自己很「幸運」。也正是在那個熱火朝天的社會主義建設初期，女性開始有機會「走出家門」，讓聰明才智得到前所未有的釋放。屠呦呦能夠成為新中國首批女大學生中的一員，正印證了女性在國家建設和民族發展中具有不可替代的作用。

「我依然不靈光，成家後，買菜、買東西之類的事情，基本上都由我家老李做。」

第二章

向醫而行

北大求學

　　1951 年，是新中國誕生的第三年，屠呦呦考取了北京大學醫學院藥學系，成為共和國的一代驕子。

　　50 年代的北京大學醫學院，在這座千年古都中顯得頗為洋氣。設在北京市西城區西什庫天主堂附近的校園，被包裹在當年的皇家建築群之中，學子們每天抬頭可見的，卻是西方典型的哥特式建築。如今，這裏已是北京大學口腔醫院第一門診部的所在地。在校期間，屠呦呦和同窗們的實驗室和宿舍，則設在附近的菜園胡同 13 號。

　　當年的同窗、北京衛生職業學院首批主任藥師周仕錕回憶，他們這一班，按入學年份排序，稱為藥學第八班，全班七八十人。與屠呦呦同齡的周仕錕記得，他們在班上年齡相對較大，最小的同學比他們小三歲。

　　升入大四，各班分科，按照不同方向分為藥物檢驗、藥物化學和生藥三個專業，這一班的學生中，選藥物化學的最多，有 40 多人，選擇生藥的最少，只有 12 人，其中之一就是屠呦呦。

生藥的英文為 crude drug，意指純天然未經過加工或者簡單加工後的植物類、動物類和礦物類中藥材。

當年與屠呦呦選擇同一專業的王慕鄒，退休前為中國醫學科學院藥物研究所研究員。他說，當時生藥專業畢業的學生，更多的去向是做研究，而藥物化學專業更多與全國各大藥廠相繫。

雖然專業已分，但是不同專業的課程基本都在一起上，只是各有側重，對生藥專業的屠呦呦而言，生藥學課程就比其他專業課時多些，其主要內容就是學習各類原產中藥材的分類、認識，以及通過顯微鏡切片等觀察其內部組織等。

當時，開設生藥學的是樓之岑教授，這位 1951 年剛剛回國的留英博士，也是生藥專業唯一一位教授。後來，樓之岑曾任中國藥學會理事長，也是中國現代生藥學的開拓者之一。

當時藥學系的其他主要專業課還有藥物化學和植物化學。植物化學課由留美歸來的林啟壽教授開設，主要講授如何從植物中提取分離有效成分，研究化學性質，鑒定化

一
1952 年，佩戴北京
大學校徽的屠呦呦。

一
1954 年，讀大學時的屠呦呦在天安門前留影。

學結構，撰寫化學鑒定方法以及對其進行研究等，包括提取有效成分時如何選擇不同的萃取劑等。

生藥學課的基礎教育、植物化學課中的方法教育，此後都轉化為了屠呦呦工作中的兩個主要部分。

新中國成立初期，百廢待興，國家缺醫少藥，醫藥領域的人才嚴重匱乏，國家急需大量合格的醫藥人才，故此醫學院成為廣大青年報考的熱門院校。其中，藥學系的藥物化學專業更是大家報考的熱門。然而，年輕的屠呦呦卻對一個冷門的專業 —— 生藥學感興趣，她沒有隨大流，堅定地選擇了生藥學，並一生付諸實踐。多年後，每每有人問及她是否後悔當年的選擇時，她總是說這是她最明智的選擇，不改初衷。

研究實習員的愛情

1955 年，經歷四年的勤奮學習後，屠呦呦大學畢業了。

正在這一年，共和國百事待興，中醫研究院開始籌

建，直屬於衛生部，也就是現在的中國中醫科學院。一批名老中醫從各地抽調奔赴北京，使中醫研究的專家力量得到充實。大學剛剛畢業的屠呦呦，洋溢着青春活力，被分配到中醫研究院中藥研究所工作。

工作初期，屠呦呦主要從事生藥學研究。1956年，全國掀起防治血吸蟲病的高潮。她和自己的大學老師樓之岑共同完成了對有效藥物半邊蓮的生藥學研究，1958年，這項研究成果被人民衛生出版社出版的《中藥鑒定參考資料》收錄。此後，屠呦呦又完成了品種比較複雜的中藥銀柴胡的生藥學研究，1959年，這項成果被收入《中藥誌》。這兩項研究，都屬於她大學期間專業所學的範疇。

與許多專注於科研的學者類似，生活上，屠呦呦是個實打實的「粗線條」，不太會照顧自己，一心撲在工作上。有一回，她的身份證明找不到了，讓同事幫忙找找，打開她的箱子，發現裏面東西放得亂七八糟，被大家戲稱：「能收拾得那麼不妥當，完全不像女生。」

屠呦呦現在自己也說，要讓身邊的生活瑣事變得井井有條，「我依然不靈光，成家後，買菜、買東西之類的事

情，基本上都由我家老李做」。屠呦呦口中的「老李」，是她的丈夫李廷釗。

李廷釗 1931 年 9 月出生於寧波，與屠呦呦是同鄉，兩人還曾是效實中學的同學。1951 年，李廷釗從效實中學畢業後赴北京外國語學校學習外語。此時正值朝鮮戰爭，他和班上的許多同學紛紛提出要到朝鮮戰場。消息傳到了周恩來總理處，周總理說：「不要去朝鮮戰場，國家亟需大量優秀人才，你們應繼續學習深造。」李廷釗因此未能到朝鮮，而是到了農大補習班學習。當時他最想報考的學校是北京工業學院和清華大學。1952 年，他如願考入北京工業學院；在校期間，他表現非常出色，擔任了班長。1954年至 1960 年，他被派到蘇聯列寧格勒工學院留學，獲得碩士學位。歸國後，李廷釗被分配到位於黑龍江齊齊哈爾的北滿鋼廠工作，後又在馬鞍山鋼鐵廠（1961-1964 年）、北京鋼鐵研究院（1964-1976 年）和冶金部等單位工作。從鋼鐵實務、科研到管理，他的人生與鋼鐵結下了不解之緣。

在馬鞍山鋼鐵廠期間，李廷釗有個姐姐恰好在北京工作。因為都是同鄉，屠呦呦常會同李廷釗的姐姐會面；當

—

1955 年 9 月，北京醫學院藥學系全體師生合影。

最後一排左七為屠呦呦；第三排左九：林啟壽（植物化學家，最突出的成就是在 20 世紀 70 年代編著了一本內地較高水平的、唯一較系統而完整的植物化學專著《中草藥成分化學》）；第三排左十：樓之岑（生藥學家，北京醫學院藥學系副主任，中國工程院醫藥與衛生工程學部首批院士、生藥學國家重點學科首席學術帶頭人）；第三排左十一：蔣明謙（有機化學家，中國科學院學部委員、院士）；第三排左十二：薛愚（藥物化學家，國立北京大學醫學院藥學系主任）；第三排左十三：王序（有機化學家，中國科學院院士，北京醫學院藥學系主任）。

1957 年時的屠呦呦

1962 年，屠呦呦參加「中醫研究院西醫離職學習中醫班」。

李廷釗從馬鞍山到北京看望姐姐時，也常會遇到老同學屠呦呦。姐姐看出他們間的意思，主動當起了紅娘。一來二往，兩顆年輕的心，漸漸走到了一起。

1963 年，他們在北京重逢兩年後，正式走進了婚姻殿堂。

有朋友戲稱，李廷釗與屠呦呦的結合，是傳統（中藥）與現代（鋼鐵）的融合。

大學同學王慕鄒的妻子，也與屠呦呦熟識。她説，婚後屠呦呦不擅於做家務，家中大小事務基本由先生全包，「屠呦呦與一般女孩子的興趣不一樣，她是個心胸開闊的人，精力都用在工作上了」。

雖然在家中角色有所不同，但婚後屠呦呦兩口子共同的主題，實際上只有兩個字 —— 奉獻。

「交給你任務，當時對我們來説，就努力工作，把國家任務完成。只要有任務，孩子一扔，就走了。」説起往事，屠呦呦顯得很淡定。那時，她被派去海南島，丈夫李廷釗因為在蘇聯學過冶金的背景已下放到五七幹校，為了不影響工作，他們咬牙把不到 4 歲的大女兒送到了託兒所

—

1963 年，屠呦呦與李廷釗年輕時合影。

全託班，小女兒則一直在寧波老家由老人照顧。也正是由於長時間的骨肉分離，以至於「大女兒當時接回來的時候都不願叫爸媽」。

小女兒李軍記得，自己第一次對母親有清晰印象，已是 3 歲多。

李軍在寧波老家待了幾年後，屠呦呦才有機會在繁忙的科研任務中，抽出一點時間去看看朝思暮想的小女兒。那天，在外公外婆家門前的小巷口，李軍遠遠就瞧見一個人，拎着行李快步走來，張開着雙手，嘴裏不停地叫着自己：「小軍、小軍……」

李軍卻下意識地往後退了好幾步，那一刻，小女孩的腦海中，已經沒有「母親」的記憶，她不知道，眼前這個風塵僕僕的女人，就是自己想像過無數次的母親 —— 屠呦呦。李軍至今也納悶，母親那時如何能認出自己。

三四年才能有一次的母女相會，一直持續多年。女兒李軍也很長時間裏無法理解，母親怎麼能為了科研、為了事業，就可以捨棄自己的家庭，連孩子也顧不上照顧？

每次都頗為「陌生」的母女相會，也讓屠呦呦暗暗

—

1965 年夏，屠呦呦初為人母（圖為屠呦呦與大女兒李敏）。

1974 年春，屠呦呦的小女兒李軍與外公屠濂規、外婆姚仲千的合影（為了「523」工作，屠呦呦將女兒放在寧波老家，託由父母照料）。

懷疑過自己當初的選擇。多年過後，她依然會有些懊悔地説：「孩子長大後，甚至一度不想回到北京和我們一起生活。」

當初的選擇，在現在看起來有些不近人情，對於如今家中擺滿女兒和外孫女照片的屠呦呦和李廷釗而言，這是情非得已，是那個年代的人都理解的無奈選擇。

自願脱產學中醫

1959 年，參加工作四年後，屠呦呦成為衛生部組織的「中醫研究院西醫離職學習中醫班第三期」學員，開始系統地學習中醫藥知識。

對於屠呦呦而言，這也為她之後在中醫藥中尋得靈感，繼而發現青蒿素埋下了伏筆。

在 20 世紀五六十年代的中國醫藥界，中西醫互相學習與結合已形成風氣。

1954 年，毛澤東高瞻遠矚向全國衛生系統發出「西醫學習中醫」的號召，主張中西醫結合，其主旨是取中醫和

西醫之長，創造一個既高於中醫，又高於西醫的新醫學，為建設新中國服務。為此，毛澤東作出了全面而深刻的指示：「今後最重要的是首先要西醫學中醫。」並提出了一些具體的改進措施：要抽調 100 名至 200 名醫科大學或醫學院的畢業生交給有名的中醫，去學他們的臨床經驗，而學習就應當抱着虛心的態度。西醫學習中醫是光榮的，因為經過學習、教育、提高，就可以把中西醫界限取消，成為中國真正統一的醫學，以貢獻於世界。

對當時的中國醫學界而言，「西醫學習中醫」的提法，並不似今天這麼司空見慣。

新中國成立前後，全國衛生形勢非常嚴峻：疫病叢生，缺醫少藥，醫療衛生條件非常落後。當時全國西醫僅有兩萬多人，中醫雖有幾十萬人，但卻不能正常發揮作用。

當時，中醫藥「有勁使不出」的原因在於，新中國成立初期公佈的《中醫師暫行條例》《中醫師暫行條例施行細則》《醫師、中醫師、牙醫師、藥師考試暫行辦法》等中醫藥管理文件，規定了一些脫離實際、頗為苛刻的辦法。

如此導致的結果之一就是：1953 年，全國 92 個大中城市和 165 個縣登記、審查合格的中醫只有 1.4 萬多人。山西省運城專區 18 個縣，竟沒有一名合格中醫。天津市中醫水平在當時是比較高的，但參加考試的 530 多個中醫只有 55 個合格。江西省衛生廳 1950 年和 1951 年先後進行了兩次全省中醫師登記審查換發執照工作，總登記人數為 8728 人，而被承認為正式中醫師的僅 424 人，審定為臨時中醫師的 3648 人，其餘實際上被取消了行醫資格。1950 年曾將審查不合格的 1355 人通知由專署考試，由於沒有充分考慮許多中醫提出的「緩期考試」的要求，結果報考者僅 727 人，有 327 人沒有通過，這更引起一些中醫的不滿。

　　此外，在具體衛生工作中，也出現了不少問題，如實行公費醫療制度沒有認真考慮中醫的作用，吃中藥不報銷，大醫院不吸收中醫參加工作；辦中醫進修學校主要講授簡單的西醫診療技術，片面地鼓勵中醫改學西醫；各高等醫學院校，沒有考慮講授中醫藥課程；中華醫學會不吸收中醫會員；中藥產供銷無人管理；盲目取締一些深受大眾歡迎又確能治病的中成藥。有人發表文章，公開聲稱中

醫是「封建醫」，鼓吹隨着封建社會的消滅，中醫也應被消滅。

1956 年 8 月 24 日，毛澤東接見參加第一屆全國音樂週的代表，並同中國音樂家協會負責人談話。這次談話，毛澤東深刻地論述了「中國化」何以必要的道理，「中西醫結合」則多次成為他進行闡述時的例子，他指出：「如果先學了西醫，先學了解剖學、藥物學等等，再來研究中醫、中藥，是可以快一點把中國的東西搞好的。」「要把根本道理講清楚：基本原理，西洋的也要學。解剖刀一定要用中國式的，講不通。就醫學來說，要以西方的近代科學來研究中國的傳統醫學的規律，發展中國的新醫學。」「你們是『西醫』，但是要中國化，要學到一套以後來研究中國的東西，把學的東西中國化。」「應該學習外國的長處，來整理中國的，創造出中國自己的、有獨特的民族風格的東西。這樣道理才能講通，也才不會喪失民族信心。」

至此，毛澤東已逐漸清晰完整地表達了他關於「中西醫結合」思想的思考：通過西醫學習中醫，中醫學習現代科學技術，中西醫學密切合作，應用現代科學技術繼承和

中國醫藥學是
一個偉大的寶庫，
應當努力發掘，加
以提高。
　　　　　毛澤東

——

1958 年 10 月，毛澤東就衛生部向中央寫的《關於西醫學中醫離職學習班的總結報告》所作出的重要批示。

一

1960 年，中醫研究院西醫離職學習中醫班第三屆畢業同學留影。
第二排左六：屠呦呦；前排右八：蒲輔周（當代傑出的中醫臨床家，曾
為周恩來的保健醫生）；前排右十：杜自明（中醫正骨專家）；前排左十：
高合年（時任中醫研究院副院長）；前排左一：唐由之（國醫大師，曾
為毛澤東治療眼疾）；第四排右十：高曉山（資深研究員，藥性理論的
先驅）。

發揚中國醫學遺產，從而走出一條具有中國特色的新醫藥學發展之路。

1958 年 10 月 11 日，衛生部黨組向中央寫了《關於西醫學中醫離職學習班的總結報告》。毛澤東作了「中國醫藥學是一個偉大的寶庫，應當努力發掘，加以提高」的著名批示。這表明，毛澤東不僅把中醫藥看成是中國傳統文化留給我們的一份珍貴遺產，而且特別強調要充分挖掘其現實價值。

從此，中國的中西醫結合工作迅速起步。

就在毛澤東 1958 年 10 月 11 日關於中醫藥的重要批示中，他也特別提及：「我看如能在 1958 年每個省、市、自治區各辦一個 70-80 人的西醫離職學習班，以兩年為期，則在 1960 年冬或 1961 年春，我們就有大約 2000 名這樣的中西結合的高級醫生，其中可能出幾個高明的理論家。」

據 1960 年全國西學中經驗交流會時統計的資料，全國西醫離職學習中醫班有 37 個，學員 2300 餘人，在職學習中醫的有 36000 餘人。高、中級醫藥院校也大多開設了中醫學課程，培養了一大批「西學中」人員。其中，大多

數成為以後中醫或中西醫結合研究的技術骨幹和學術帶頭人。

1959 年，屠呦呦便積極成為了「中醫研究院西醫離職學習中醫班第三期」學員。在持續兩年半的脫產學習中，她不但掌握了理論知識，而且參加過臨床學習。

根據自己的專業，屠呦呦還深入藥材公司，向老藥工學習中藥鑒別及中藥炮製技術，並參加北京市的中藥炮製經驗總結，從而對藥材的品種真偽和道地質量以及炮製技術有了感性認識。

中藥炮製是中醫用藥的特點之一，是指按照中醫藥理論，根據藥材自身性質以及調劑、製劑和臨床應用的需要，所採用的一項獨特的製藥技術。中藥必須經過炮製之後才能入藥，即通過淨製、切製、炮炙等手段，來實現降低或消除中藥的毒性或副作用、改變或緩和藥物的性質以及增強藥物療效的目的。

學習完成後，屠呦呦參加了衛生部下達的中藥炮製研究工作，是《中藥炮製經驗集成》一書的主要編著者之一，該書廣泛收集了各省市的中藥炮製經驗，對有關文獻

結 业 証 书

屠呦呦 同志系 浙江省 宁波 市县 人，现年 三十 岁。

自一九 五九 年 十 月至一九 六二 年 二 月在

中医研究院 西医离职学习中医班第 三 期学习期满，准予结业。

中华人民共和国卫生部部长

卫中 字 第一九一四 号

一九六二 年 三 月 日

屠呦呦脫產兩年半參加衛生部組織的「中醫研究院西醫離職學習中醫班」（圖為 1962 年的結業證書）。

進行了比較系統的整理。

　　正因為有這樣的一次極具開創性的脱產培訓，屠呦呦真正開始熟練掌握擁有能閱讀中醫和西醫兩種醫學語言的能力，並能夠了解各自的歷史和理念差異，進而將傳統醫學經驗性知識和現代生物醫學最高水平聯繫在一起，成為了像當年毛澤東講的「其中可能出幾個高明的理論家」中的一員，為今後青蒿素研究打下了堅實的基礎。

「那時候，她腦子裏只有青蒿，回家滿身都是酒精、乙醚等有機溶劑味，還得了中毒性肝炎。」

第三章

矢志尋蒿

神秘「523」

1969 年 1 月 21 日，屠呦呦迎來科研人生的重要轉折。

這一天，屠呦呦了解到一個之前素未聽聞的全國大協作項目 —— 全國「523」任務。

「523」辦公室負責人專程來到中醫研究院，開誠佈公地說：「中藥抗瘧已做了好多工作，到流行地調查，曾收集驗秘方來試驗，有的有一定效果但不滿意，用法、製劑等方面也存在問題。方子拿了不少，很多是大複方，這麼多藥怎麼辦，哪個方子好，什麼起主要作用，我們經驗少，辦法少，希望你們能參加此項任務。」

瘧疾，中國民間俗稱「打擺子」，在今天的中國已基本絕跡。多數人對它的認知來自反映戰爭年代或者更久遠年代的影視、戲曲或文學作品。發起病來一會兒高燒焚身，一會兒如墜冰窟，顫抖不止 ⋯⋯

瘧疾也是軍隊行動的無形殺手，在古今中外的戰爭史中，因瘧疾流行造成部隊嚴重減員，從而導致軍事行動失敗的戰例，時有記載。

在人類與瘧疾的戰鬥史中，起初最有效的治瘧藥物，來自金雞納樹。19世紀，法國化學家從金雞納樹皮中分離出抗瘧成分奎寧。隨後，二戰期間科學家又發明了奎寧替代物 —— 氯喹。氯喹曾一度是抗擊瘧疾的特效藥。

但是，引發瘧疾的瘧原蟲在被克制了將近200年後，漸漸表現出了強大的抗藥性。特別是到了20世紀60年代，瘧疾在東南亞再次肆虐，疫情蔓延到無法控制的程度。

也就是在這一時期，美國發動了二戰以後參戰人數最多、影響最大的越南戰爭。隨着戰事升級，美越雙方傷亡人數不斷攀升。

很快，越南戰場上卻出現了比子彈、炸彈更可怕的「敵人」—— 抗藥性惡性瘧疾。美越兩軍在亞洲熱帶雨林苦戰，瘧疾像是第三方，瘋狂襲擊交戰的雙方。有關資料報道，在越南戰爭中，1964年，美軍因瘧疾造成的非戰減員比戰傷減員高出4-5倍。1965年駐越美軍的瘧疾發病率高達50%。據河內衛生局統計，越南人民軍隊1961-1968年傷病員比例，除1968年第一季度傷員多於病員外，其他

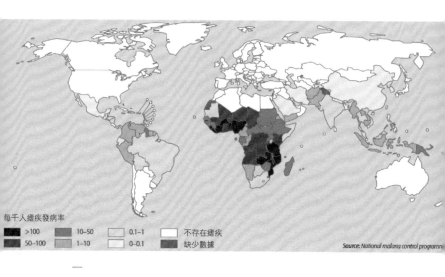

每千人瘧疾發病率

■ >100　　■ 10–50　　□ 0.1–1　　□ 不存在瘧疾
■ 50–100　　■ 1–10　　□ 0–0.1　　■ 缺少數據

Source: National malaria control programm

—

2013 年，有瘧疾傳播的國家和地區。

—

金雞納樹

時間都是病員遠遠超過傷員，病員中大多數是患瘧疾。

越南地處熱帶，山嶽縱橫，叢林密佈，氣候炎熱潮濕，蚊蟲四季孳生，本就是瘧疾終年流行的地區。而當時的抗瘧藥氯喹及其衍生藥，對越南流行的瘧疾已經基本無效了。

能否抵抗瘧疾，甚至成了越南戰場上美越雙方的「勝負手」。

美國為解決這一難題，專門成立了瘧疾委員會，大量增加研究經費，組織了幾十個單位，參加抗瘧研究任務。至 1972 年，美國華爾特里德陸軍研究院，就已篩選了 21.4 萬種化合物，但沒有找到理想的新結構類型抗瘧藥。

越共主席胡志明親自到相鄰的中國，向毛澤東提出支援抗瘧疾藥物和方法的請求。

在革命戰爭時期曾感染過瘧疾、深知其害的毛澤東回答說：解決你們的問題，也是解決我們的問題。

應越南的請求，毛澤東、周恩來指示，有關部門要把解決熱帶地區部隊受瘧疾侵害，嚴重影響部隊戰鬥力，影響軍事行動的問題作為一項緊急援外、戰備任務立項。因

越戰中受瘧疾威脅的士兵

此，研製新型抗瘧藥就成為當時中國軍隊醫藥科技工作者的一項重要的政治任務，1964年起，軍內開展了抗瘧藥的研究。1966年，軍事醫學科學院微生物流行病研究所和毒理藥理研究所的專家們就進行了應急預防處方的研究，設計了防瘧1號、2號片，使預防時間從1週延長到10天至2週。

鑒於提供防治惡性瘧疾藥物的緊迫性和艱巨性，只靠軍隊的科研力量在短期內完成這項任務的難度是非常大的，只有組織國內更多的科研力量，軍民大協作才有可能更好地完成這一緊急援外戰備任務。因此，針對熱帶抗藥性惡性瘧疾防治要求，中國人民解放軍軍事醫學科學院起草了三年研究規劃草案，經過醞釀討論和領導審定，由中國人民解放軍總後勤部商請國家科委，會同國家衛生部、化工部、國防科工委和中國科學院、醫藥工業總公司，組織所屬的科研、醫療、教學、製藥等單位，在統一計劃下分工合作，共同承擔此項任務。

國家科委和中國人民解放軍總後勤部於1967年5月23日在北京召開了有關部委、軍隊總部直屬和有關省、

市、區、軍隊領導及所屬單位參加的「瘧疾防治藥物研究工作協作會議」，會議討論確定了三年研究規劃。

由此，拉開了抗瘧新藥研究的序幕。

由於當時這是一項援外戰備緊急軍工項目，為了保密，就以 5 月 23 日開會日期為代號稱為「523」任務。

屠呦呦獲得諾貝爾獎之後，幾乎一夜之間，「523」這個代號也迅速進入公眾的視野。很多人把「523」與青蒿素的研究畫上等號。其實，「523」任務作為一項巨大的秘密科研工程，涵蓋了瘧疾防控的所有領域，不單單只有青蒿素研究。而且，這一科研工程的開展涉及全國諸多省市和行業。

新中國成立後，中國的瘧疾防治工作前後經歷四個階段。50 年代屬於第一階段：重點調查及降低發病率階段；60 年代和 70 年代屬於第二階段：控制流行階段；80 年代和 90 年代屬於第三階段：消除瘧疾階段；2000 年之後進入了第四個階段：鞏固消除瘧疾成果階段。

「523」任務處於 20 世紀六七十年代，即第二個階段之中。「523」任務絕非僅為了「抗美援越」。20 世紀 50 年代，

國家陸續出台《少數民族地區瘧疾防治工作方案》和《瘧疾防治規劃》等多份規劃方案，組織衛生工作隊、防疫隊、醫療隊進入高瘧區，搶救瘧疾患者，進行預防工作；設立瘧疾防治所，進行瘧疾防治科研和培訓技術骨幹等工作；同時舉辦瘧疾訓練班，培養專業技術隊伍。一系列工作之下，中國的瘧疾防控工作開始得到了系統的管理，瘧疾發病率一度由 1955 年的 102.8／萬下降到 1958 年的 21.6／萬。

但是，由於政治、經濟以及自然因素的關係，20 世紀 60 年代初和 70 年代初中國又大範圍爆發瘧疾，全國發病人數多達 1000 萬至 2000 萬，1960 年和 1970 年全國平均發病率分別高達 155.4／萬和 296.1／萬，其中 1970 年是新中國成立後瘧疾發病率最高的一年。

毛澤東所言的「解決你們的問題，也是解決我們的問題」，現在看來，這句話含義深刻。在那個時期，瘧疾問題已屬於「內憂外患」，到了非解決不可的地步。

「523」項目的任務十分明確，就是通過軍民合作開發防治瘧疾藥物，同時對所開發防治藥物的要求是高效、速效，預防藥物要長效。

「523」科研組人員在開展研究工作

自此，先後有七個省市全面開展了抗瘧藥物的調研普查和篩選研究。至 1969 年篩選的化合物和包括青蒿在內的中草藥有萬餘種，但未能取得理想的結果。

出任課題組組長

接到參與「523」任務的要求，中醫研究院也有些犯難。

作為「文化大革命」的重災區，當時的中醫研究院，科研工作幾近全面停頓，許多經驗豐富的老專家已「靠邊站」。

「523」的重擔能交給誰？誰可以接？

39 歲的屠呦呦！

雖然職稱尚是研究實習員，但來到中藥所已 14 年的她，兼具中西醫背景，正致力於研究從植物中提取有效化學成分，已經步入中藥所研究第二梯隊。

以當時中藥所的現狀，屠呦呦正是最合適的人選。自 20 多歲便與屠呦呦共事的中國中醫科學院中藥所原所長姜

廷良說，將重任委以屠呦呦，在於她扎實的中西醫知識和被同事公認的科研能力水平。

1969 年 1 月起，中醫研究院中藥所內，多了個大量翻閱歷代醫籍、認真走訪老中醫，甚至連一封封群眾來信都一定要打開看看的忙碌身影。

這就是 39 歲的屠呦呦，在被任命為課題組組長後，她正式走上抗瘧之路。

當時，誰也沒有料到，這會是「523」任務取得重大進展的開始。

說是課題組，在最初的階段，屠呦呦只是「光桿司令」，只有她一個人孤獨地踏上了尋藥之路。

先從本草研究入手，屠呦呦開始廣泛收集、整理歷代醫籍，查閱群眾獻方，請教老中醫專家。僅用三個月的時間，她就收集了包括內服、外用，植物、動物、礦物藥在內的 2000 多個方藥，在此基礎上精選編輯了包含 640 個方藥的《瘧疾單秘驗方集》，於 1969 年 4 月送交「523」辦公室，並開始轉送相關單位參考。

這其中，就包括後來提取出青蒿素的青蒿。

不過，在第一輪的藥物篩選和實驗中，青蒿並沒有成為屠呦呦重點關注的對象。當時，配伍解決常山鹼致嘔吐的副作用問題，才是屠呦呦工作的重點。她選取一些有止嘔功效的中藥配伍常山鹼，在鴿子及貓的嘔吐模型上進行藥理實驗。但是，最好的組合也只是對鴿子的嘔吐模型較為有效，對貓嘔吐模型基本無效。

1969 年 5 月起，她開始製備中藥水提物、乙醇提物送軍事醫學科學院進行抗瘧藥篩選，至 6 月底送樣品 50 餘個。其中，發現胡椒提取物對鼠瘧模型瘧原蟲抑制率達84%，這是一個很讓人興奮的數據。但此後的深入研究，卻事與願違。屠呦呦發現，胡椒只能改善症狀，滅蟲效果卻非常不理想。

1969 年 7 月，時值「523」任務下海南瘧區現場季節。「523」辦公室要求中藥所去三人，並提出，在上半年篩選樣品中，對鼠瘧抑制率較高的胡椒及辣椒加明礬，要帶下去做臨床療效觀察。

此時，中藥所派屠呦呦等三人前往海南。在海南瘧疾疫區的臨床驗證發現，儘管胡椒和辣椒加明礬的多種製備

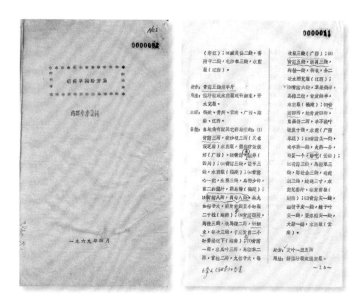

1969 年 4 月，《瘧疾單秘驗方集》封面與其中有關青蒿的內容。

1969 年，屠呦呦在海南昌江瘧區時留影。

樣品對鼠瘧抑制率達 80% 以上，但對瘧疾病人只能改善症狀，並不能使患者的瘧原蟲轉陰。

任務結束後，屠呦呦被廣東省「523」辦公室授予「五好隊員」稱號。

1970 年，課題組的主要精力還是開展對胡椒的深入研究，2-9 月，先後送中國軍事醫學科學院測試胡椒等各種提取物和混合物樣品 120 餘個。經效價測定，發現胡椒經分離純化後，不能提高效價；調節成分比例，雖能提高效價，但遠不如氯喹。

1971 年廣州會議上，「523」中醫中藥工作只能上、不能下的目標被再次明確。由此，屠呦呦課題組被充實到四人，「屠組長」的麾下，才算真正有了三個團隊成員。

直至 1971 年 9 月初，篩選了 100 餘種中藥的水提物和醇提物樣品 200 餘個。他們期盼着能有所收穫，但結果令人失望 ——

篩選過的中藥裏，對瘧原蟲的抑制率最高的也只有 40% 左右。

難道史書上的記載不可信？

—

現存最早的中藥學著作《神農本草
經》中有青蒿治病的記載

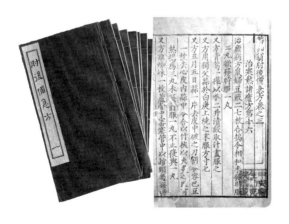

—

青蒿治療瘧疾的記載始於東晉葛洪《肘後備急方》

難道實驗方案不合理？

難道在中醫藥這個寶庫中就發掘不出寶來？

一個氯喹不可超越，一個常山已到了盡頭，真的就無路可走了嗎？

第191號樣品

「重新埋下頭去，看醫書！」屠呦呦的執拗和堅持帶動着大家。從《神農本草經》到《聖濟總錄》再到《溫病條辨》……厚厚的一摞醫書被翻得書角微捲。

很長一段時間，青蒿這種不起眼的菊科植物，都不是最受關注的藥物，直到有一天，屠呦呦決定：用沸點只有34.6℃的乙醚代替水或酒精來提取青蒿。

這抓住了問題的關鍵 —— 溫度正是青蒿素提取的關鍵。

青蒿在中國的應用已有2000多年的歷史。關於青蒿入藥，最早見於馬王堆三號漢墓的帛書《五十二病方》，其後的《神農本草經》等典籍都有記載。青蒿治療瘧疾則

始於公元 340 年間的東晉葛洪所著的《肘後備急方》，之後宋代《聖濟總錄》、元代《丹溪心法》、明代《普濟方》等著作均有「青蒿湯」「青蒿丸」「青蒿散截瘧」的記載。明代李時珍在《本草綱目》除收錄了前人的經驗外，還載有治療瘧疾寒熱的實踐，清代《本草備要》《溫病條辨》，以及民間也有青蒿治療瘧疾的應用。

在反覆研讀文獻過程中，《肘後備急方》關於青蒿的描述給了屠呦呦新的啟迪。

在各種傳說中，這個場景往往被描述為：在某一天的凌晨或者深夜，閱讀葛洪的《肘後備急方》時，屠呦呦被靈感擊中 —— 那本古方上說：「青蒿一握，以水二升漬，絞取汁，盡服之。」

然而，真實的實驗卻是繁複而冗雜的。在屠呦呦 2009 年出版的專著《青蒿及青蒿素類藥物》中，她提到了當時的一系列實驗。

書中還特別提示：分離得到的青蒿素單體，雖經加水煮沸半小時，其抗瘧藥效穩定不變，「可知只是在粗提取時，當生藥中某些物質共存時，溫度升高才會破壞青蒿素

黄花蒿

编　　号：HC-5
采集地点：怀化市鹤城区坨院办事
处黄牛村
采集时间：2011 年 7 月 29 日

中藥青蒿來源於菊科植物黃花蒿（ *Artemisia annua* L.）

的抗瘧作用」。

為什麼古人用「絞汁」？既往的提取研究，一般中藥常用水煎煮或者用乙醇提取，但結果都不好，難道青蒿中的有效成分忌高溫或酶的影響？再有青蒿在什麼情況下才能絞出「汁」來，只有嫩的枝葉才會絞出汁來，這是否還涉及藥用部分以及採收季節的問題？

經過周密的思考，屠呦呦重新設計了研究方案。對一些重點關注的藥物，還設計了多個方案。如青蒿就設計了用低溫提取，控制溫度在 60 攝氏度以下；用水、醇、乙醚等多種溶劑分別提取；將莖稈與葉子分開提取等。

課題組從 1971 年 9 月起，啟用新方案，對既往曾篩選過的重點藥物及幾十種新選入的藥物，夜以繼日地篩選研究。

又是多少個不眠之夜，終於證實青蒿乙醚提取物效果最好！曙光初現，經歷了上百次失敗的團隊再度振奮起來。

提取物中的酸性部分具較強毒性又無效，而保留下來的中性部分才是抗瘧藥效集中的有效部分。在一個個不眠

之夜後，這個關鍵的新發現，讓屠呦呦感到一絲興奮。

課題組成員鍾裕蓉記得，當時她的家就在研究所裏，步行 2 分鐘就能到達實驗室，即使是每天晚飯過後，她也要回到實驗室裏，和大家一起忙碌到晚上九十點鐘。

1971 年 10 月初，屠呦呦帶領課題組正在實驗室緊張忙碌着。這是在 190 次的失敗後，大家再一次嚴格按照流程進行着篩選。

10 月 4 日，一雙雙眼睛，都緊張地盯着 191 號青蒿乙醚中性提取物樣品抗瘧實驗的最後結果。

對瘧原蟲的抑制率達到了 100%！

隨着檢測結果的揭曉，整個實驗室都沸騰了。

那是一種黑色、膏狀的提取物，離最終的青蒿素晶體尚有一段距離，但確定無疑的是：打開最後寶藏的鑰匙找到了。

以身試藥

要深入臨床研究，就必須先製備大量的青蒿乙醚提取

物，進行臨床前的毒性試驗和製備臨床觀察用藥。

短時間內提取大量的青蒿提取物，困難重重。「文化大革命」期間業務工作都停了，根本沒有藥廠可配合。

回憶那段攻堅期，屠呦呦丈夫李廷釗很心疼妻子：「那時候，她腦子裏只有青蒿，回家滿身都是酒精、乙醚等有機溶劑味，還得了中毒性肝炎。」

屠呦呦的肝炎是來自乙醚等有機溶媒的毒害。鍾裕蓉回憶，當時為了爭取時間，課題組「土法上馬」，用七個大水缸代實驗室常規提取容器，中藥所又增派人員，開始大量提取青蒿乙醚提取物。

「乙醚等有機溶媒對身體有危害，當時設備設施都比較簡陋，沒有通風系統，更沒有實驗防護，大家頂多戴個紗布口罩。」姜廷良說。

日復一日，科研人員除了頭暈眼脹，還出現鼻子出血、皮膚過敏等反應。

乙醚中性提取物有了，但在進行臨床前試驗時，卻出現了問題，在個別動物的病理切片中，發現了疑似的毒副作用。

經過幾次動物試驗，疑似問題仍然未能定論。是動物本身就存在問題？還是藥物所致？實驗室內，各方開始了激烈的討論：從課題組角度看，青蒿在古籍記載中毒性不強，動物實驗也做過一些，應該問題不大；但搞毒理、藥理的同事堅持認為，只有確證安全性後才能用於臨床。

「我當時心裏很着急，因為瘧疾這種傳染病有季節性，實在不想錯過當年的臨床觀察季節，否則就要再等上一年。」屠呦呦説。

為了讓 191 號青蒿乙醚中性提取物儘快應用於臨床試驗，綜合分析青蒿古代的用法並結合動物實驗的結果，屠呦呦向領導提交了志願試藥報告。

「我是組長，我有責任第一個試藥！」當年，屠呦呦的表態令很多人驚歎：這位戴着眼鏡、斯斯文文的江南女子竟然有這樣的膽識和氣魄。

「在當時環境下做這樣的工作一定極其艱難，科學家用自己來做實驗，這是一種獻身精神。」清華大學副校長施一公説。

「那個年代，尤其需要這樣的精神。」姜廷良回憶。

屠呦呦的試藥志願獲得了課題組同事的響應。1972年7月，屠呦呦等三名科研人員一起住進了北京東直門醫院，成為首批人體試毒的「小白鼠」。他們在醫院嚴密監控下進行了一週的試藥觀察，未發現該提取物對人體有明顯毒副作用。為了充分驗證醚中乾提取物的安全性，科研團隊又在中藥所內補充 5 例增大劑量的人體試服，結果受試者均情況良好。

　　1972 年 8-10 月，屠呦呦親自攜藥趕赴海南昌江瘧區，克服高溫酷暑，跋山涉水，搶時間找病人。

　　初次臨床，必須慎而又慎，用藥劑量從小到大逐步增加。屠呦呦根據自身試服經驗，分為三個劑量組。病人選擇，從免疫力較強的本地人再到缺少免疫力的外來人口；瘧疾病種，從間日瘧到惡性瘧。屠呦呦親自給病人餵藥，以確保用藥劑量，並守在床邊觀察病情，測體溫，詳細了解血片檢查後的瘧原蟲數量變化等情況。

　　最終，在海南，屠呦呦完成了 21 例臨床抗瘧療效觀察任務，包括間日瘧 11 例，惡性瘧 9 例，混合感染 1 例。臨床結果令人滿意，間日瘧平均退熱時間 19 小時，惡性瘧

屠呦呦　　　　　倪慕雲　　　　　鍾裕蓉

崔淑蓮　　　　　郎林福　　　　　劉菊福

青蒿素發現時期，研究團隊的部分重要成員。

平均退熱時間 36 小時，瘧原蟲全部轉陰。

這一年，還同時在北京 302 醫院驗證了 9 例，亦均有效。

發現青蒿素

階段性勝利，沒有讓屠呦呦放慢腳步。很快，大家開始進行對青蒿乙醚提取物中有效成分的純化與分離工作。

由於北京產的青蒿中青蒿素含量只有萬分之幾，這樣客觀上就增加了發現青蒿素的難度。採收季節和純化工藝的影響，也成為屠呦呦尋蒿之旅的攔路虎。

1972 年 4 月 26 日到 6 月 26 日，課題組先後得到少量顆粒狀、片狀或針狀結晶。每一次發現分離提取的成果變化，實驗室都會爆發出歡呼和掌聲。

為了早日得到抗瘧有效的單體結晶，每個人都在努力尋找，竭盡所能。

屠呦呦去海南臨床驗證醚中乾臨床療效期間，由倪慕雲主持課題組北京的具體工作，在聚酰胺純化樣品的基礎

上，1972 年 9 月 25 日、9 月 29 日、10 月 25 日、10 月 30 日、11 月 8 日課題組相繼分離得到多個結晶。

剛剛從海南疫區返回北京的屠呦呦，也迅速投入到化學研究工作中，和課題組討論、比較分析了已得的化學單體。通過顯色反應、板層析 R_f 值等鑒別異同，整合所分得的成分，並開始在鼠瘧上評價藥效。

12 月初的鼠瘧試驗發現，鍾裕蓉從 11 月 8 日分離得到的晶體有顯效（曾稱為「青蒿針晶 II」等，後定名為青蒿素），小鼠口飼 50 毫克每公斤體重可使瘧原蟲轉陰。後來，11 月 8 日成為課題組認定的青蒿素誕生之日。

這是首次以藥效證實，從青蒿中獲得的單一化合物，具有抗瘧活性。

1973 年新年剛過，屠呦呦發現青蒿抗瘧奧秘的消息傳出後，中藥所就不斷接到各地來信和來訪。屠呦呦都親自回信、寄資料、熱情接待來訪者，毫無保留地介紹青蒿、青蒿提取物及其化學研究進展情況。很快，雲南和山東等數個研究小組借鑒了她的方法，對青蒿進行研究。

自１９７１年７月以来，我们筛选了中草药单、复方等一百多种。发现青蒿（黄花蒿 Artemisia annua L. 係菊科植物。按中医认为此药主治骨蒸烦热。但在唐、宋、元、明医籍、本草及民间都曾提到有治疟作用)的乙醚提取物对鼠疟模型有９５％～１００％的抑制效价。以后进一步提取，去除其中无效而毒性又比较集中的酸性部分，得到有效的中性部分。１２月下旬，在鼠疟模型基础上，又用乙醚提取物与中性部分分别进行了猴疟实验。结果与鼠疟相同。

通过多方面的分析，我们挑选一部分药物，进一步复筛。复筛时参考民间用药经验，改进提取方法并增設多剂量组，探索药物剂量与效价的关系。经过反复实践，终於使青蒿的动物效价，由３０～４０％提高到９５％以上。青蒿的水煎剂是无效的。９５％乙醇提取物的效价也不好，只有３０～４０％左右。后来从本草及民间"絞汁"服用中得到启发，使我们考虑到有效成分可能在亲脂部分。于是改用乙醚提取，这样动物效价才有了显著的提高。经过比较，发现乙醇提取物虽然也含有乙醚提取的物质，但是杂质多了 $\frac{2}{3}$ 左右，这就大大影响了有效成分充分显示应有的效价。另外药物的采收季节对效价也是有影响的，在这点上我们走过一点弯路。开始我们只注意品种问题，了解到北京市售青蒿都是北京近郊产的黄花蒿，不

1972 年，在南京會議上，中醫研究院瘧疾防治小組提交的報告部分內容。

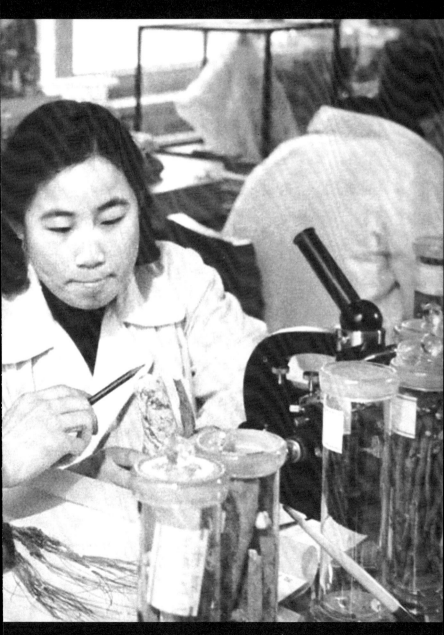

20 世紀 50 年代，樓之岑指導屠呦呦研究中藥。

1985 年 2 月，屠呦呦在進行實驗。

1992 年，屠呦呦指導北京第六製藥廠技術人員開展工作。

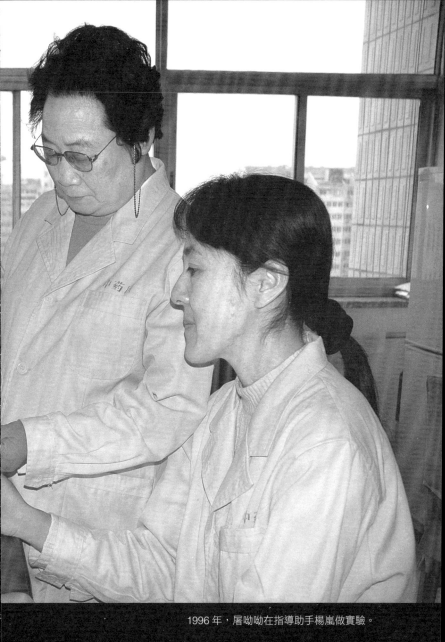

1996 年，屠呦呦在指導助手楊嵐做實驗。

在青蒿素問世和推廣前，全世界每年約有四億人次感染瘧疾，至少有一百萬人死於此病。

第四章

青蒿濟世

首次臨床觀察

實驗室大量提取的流程修改完善後，屠呦呦和課題組的同事們開始了新一輪的奮鬥。實驗室的條件雖然簡陋，但課題組幹勁十足。從 1973 年初到 1973 年 5 月，已拿到青蒿素純品 100 餘克。屠呦呦將其分成幾部分：一部分用於青蒿素的化學研究；一部分用於臨床前的安全性試驗；一部分製備臨床觀察用藥；少部分留作備用。

1973 年第二季度，進行了青蒿素的一系列安全性試驗研究：青蒿素試驗劑量無論人或小，對貓的血壓、心率、心律和心電均無明顯影響；三批次犬的毒性試驗，除個別犬出現流涎、嘔吐和腹瀉外，其他各項指標均正常，未發現明顯毒副作用。

為了慎重起見，這次也同樣做了健康人的人體試驗。1973 年 7 月 21 日至 8 月 10 日，四名科研人員參加了試服，結果未見明顯毒副作用。

青蒿素的動物及人體的安全性試驗已經通過，意味着新一代抗瘧藥即將誕生。大家都對臨床驗證翹首以望。然

而，青蒿素的臨床驗證卻是一波三折。

青蒿素片劑被送到海南現場後，由已經在那裏工作的針灸所的醫生負責臨床觀察。

1973 年 8 月 10 日至 10 月 15 日，用青蒿素治療外來人口瘧疾 8 例。實際是分兩個階段完成的。

9 月 22 日前，觀察了青蒿素治療外來人口惡性瘧疾 5 例，結果僅 1 例有效，2 例血中瘧原蟲數量有所降低，因患者心律有期前收縮而停藥，2 例無效。效果不夠理想。

青蒿素的首次臨床觀察出師不利。

消息經電話傳回北京，大家都十分意外，一連串的疑問困擾着屠呦呦和她的團隊。大家開始查找原因。青蒿素純度沒問題，動物實驗的數據沒問題，問題難道出在劑型上嗎？隨即，請在海南做臨床試驗的人員把片劑寄回北京。當檢查剩餘的藥片時，大家感覺藥片很硬，用乳鉢都難以將片子碾碎，發現原來是崩解度出了問題，影響了藥物的吸收。

屠呦呦決定，用青蒿素單體原粉直接裝膠囊。趕在海南瘧區現場觀察季節結束前抓緊驗證，以明確青蒿素是否有臨床療效。

二、1973年青蒿素Ⅱ疗效观察8例。

1973年9～10月在海南岛昌江地区对外来人口间日疟及恶性疟共八例进行了临床观察，其中外来人口间日疟3例，服药总剂量3～3.5克，平均原虫转阴时间为18.5小时，平均退热时间为30小时。复查三周，2例治愈。1例复燃（18天原虫出现）。外来人口恶性疟5例。1例有效（原虫七万以上，片剂用药剂量4.5克，37小时退热。65小时原虫转阴，第六天后原虫再现），2例因心脏出现期前收缩而停药（其中一例首次发病，原虫三万以上，服药3克后32小时退热，停药一天后原虫再现，体温再升高），2例无效。

三、1975年青蒿粗制剂、青蒿素Ⅱ、青蒿素Ⅱ加复方或加针剂疗效观察205例。

(一)青蒿粗制剂对间日疟疗效观察103例。

—

《青蒿研究工作座談會資料（1975年11月）》記載的「1973年青蒿素Ⅱ療效觀察8例」內容（上海有機所藏）。

於是，屠呦呦親自動手，將該青蒿素裝入膠囊，時任中藥所副所長章國鎮身負重任，攜青蒿素膠囊赴海南，9月29日抵達疫區現場，觀察了3例外來人口間日瘧，服藥總劑量3-3.5克。結果表明，藥後平均31小時內體溫復常，18.5小時血瘧原蟲轉陰，全部有效，未見明顯副作用。但因海南瘧區現場觀察季節結束，未能繼續驗證。這是青蒿素的首次臨床試用，說明屠呦呦課題組所得到的青蒿素就是青蒿的抗瘧有效成分。

當年向「523」辦公室匯報青蒿素首次臨床觀察的結果的報告，卻沒有反映出8例病人用的是兩種劑型，更沒有說明8個病例是分兩個階段完成的。難怪以後有人對此報告作出錯誤解讀，這實際上是個誤解。

在青蒿素的首次臨床驗證中，挫折與成功交織在一起。青蒿素膠囊劑治療的3個病例說明，青蒿素的臨床療效與實驗室療效一致。

關於青蒿素的名稱問題，由於參與工作的人員較多，當時中藥所內部也不統一。1973年臨床驗證後，青蒿素II的名稱就較為少用了。在1973年相關化合物的紅外光譜和

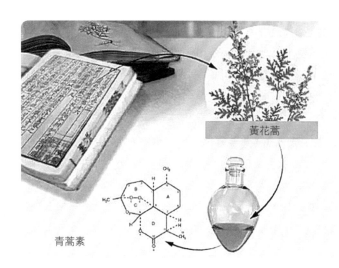

黃花蒿

青蒿素

青蒿素發現過程示意圖

氫譜測定圖中使用的名稱就是青蒿素和還原青蒿素。

　　檔案表明，1973 年 4 月課題組就確定了青蒿素是一個不含氮的化合物，分子量為 282，分子式為 $C_{15}H_{22}O_5$，屬於倍半萜類化合物。這足以說明，1973 年下半年在海南臨床驗證有效的就是青蒿素。

　　1974 年 4 月在河南商丘召開「瘧疾防治藥物（化學合成）研究專業會議」，中藥所派科教處陳玟攜帶青蒿研究匯報資料參會，在會議上報告了青蒿素、雙氫青蒿素的研究情況，這也是青蒿素首次在內部專業會議上公開。

　　中藥所曾先與中國科學院上海有機化學研究所協作研究青蒿素結構，後與中國科學院生物物理研究所用 X 射線衍射方法合作研究青蒿素結構。1975 年底，X 射線衍射方法確定了青蒿素的三維立體結構。1977 年，青蒿素結構首次公開發表。

　　經 1976 年 2 月和 1977 年 2 月兩次請示後，衛生部同意以「青蒿素結構研究協作組」的名義在《科學通報》上公開發表。此後，屠呦呦團隊又在《化學學報》、《中藥通報》、《藥學學報》、*Planta Medica*、*Nature Medicine* 等刊物上介紹了青蒿素的研究。

1977 年，以青蒿素結構研究協作組名義在《科學通報》上發表的文章《一種新型的倍半萜內酯 —— 青蒿素》。

屠呦呦及其團隊發表的其他論文

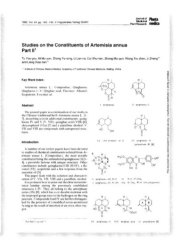

屠呦呦及其團隊在 *Planta Medica*、*Nature Medicine* 上介紹青蒿素化學成分研究及發現工作。

發現雙氫青蒿素

　　1995 年，在肯尼亞的瘧疾重災區奇蘇姆省，有位懷孕的媽媽得了瘧疾。如果用傳統的奎寧或者氯喹治療，即使母親能活下來，胎兒也很容易流產或致畸。在用了中國的青蒿素抗瘧藥之一「科泰新」治療後，奇跡出現了，不僅媽媽平安無事，孩子也健康地生了下來！媽媽一遍一遍親吻孩子，並給她取名「科泰新」，讓她永遠不忘記中國藥的救命之恩。

　　科泰新的誕生，正是源於 1973 年 9 月下旬屠呦呦開展的青蒿素衍生物實驗。

　　青蒿素的發現，引起中醫研究院及中藥所的高度重視，在人力、物力各方面都給予了大力支持。屠呦呦負責全面工作，在組織大量提取青蒿素、準備上臨床的同時，工作的重點轉向了青蒿素的化學研究。

　　1973 年 9 月下旬，屠呦呦在青蒿素的衍生物實驗中發現，青蒿素經硼氫化鈉還原，羰基峰消失，這也佐證了青蒿素中羰基的存在，並由此在青蒿素結構中引進了羥基。經課題組同事重複，結果一致。這個原衍生物的分子式為

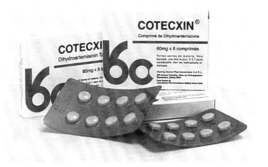

國內外銷售的青蒿素抗瘧藥之一「科泰新」

1977 年，各地「523」負責人合影（第二排左七：屠呦呦）。

$C_{15}H_{24}O_5$，分子量 284，就是雙氫青蒿素。課題組成員倪慕雲在還原衍生物時引進乙醯基，此乙醯化產物的抗鼠瘧效價更高。這說明，青蒿素分子引進羥基之後，可以製備多種衍生物，為研究構效關係創造了條件。

1975 年，課題組對青蒿素過氧基團去留、內酯環羰基還原、乙醯化等衍生物的構效關係進行了研究。證實了青蒿素結構中過氧基是抗瘧活性基團，在保留過氧基的前提下內酯環的羰基還原成羥基（即雙氫青蒿素），可明顯增效；在羥基上增加某側鏈，藥效可進一步增加，提示修飾青蒿素的部分結構，能改變其理化性質，增強抗瘧活性。有關研究情況曾向「523」辦公室作過匯報。雙氫青蒿素除本身具有強於青蒿素的抗瘧活性外，它還是合成青蒿素類藥物的前體。青蒿素類的其他抗瘧藥是以雙氫青蒿素為基礎的，如青蒿琥酯、蒿甲醚等。因此，雙氫青蒿素的發現是屠呦呦及其課題組又一個重要貢獻。

1981 年 10 月，在北京召開的國際會議上，屠呦呦所作的題為《青蒿素的化學研究》的報告，引起世界衛生組織專家的極大興趣，並認為「這一新的發現更重要的意義

The 4Th Meeting of The SWG-Chemal "Qinghaosu"
Beijing · China   october·1981

1981年，世界衛生組織、世界銀行、聯合國開發計劃署在北京聯合召開瘧疾化療科學工作組第四次會議，有關青蒿素及其臨床應用的一系列報告在會上引發熱烈反響。這是青蒿素引起國際重視的一次國際學術交流。屠呦呦（第二排左四）在會上作了題為《青蒿素的化學研究》的報告，會後發表在《中醫雜誌》上。

是在於將為進一步設計合成新藥指出方向」。

　　構效關係的研究結果，也促使屠呦呦進一步思考，認定雙氫青蒿素極具進一步研發價值，於是力排異議，在1985年青蒿素申報《新藥證書》工作臨近尾聲之際，以屠呦呦為項目負責人並從事藥學有關工作，富杭育負責藥理等實驗研究，按照新藥審批辦法的要求，組織協作單位，開始了抗瘧新藥 —— 雙氫青蒿素及其片劑的開發研究工作。歷經七年艱辛，終於將發現於1973年的雙氫青蒿素，在1992年獲得《新藥證書》，並轉讓投產。這是屠呦呦對中國乃至世界做出的又一重要貢獻。當年她主持的「雙氫青蒿素及其片劑」項目被評為全國十大科技成就，為此她被中醫研究院聘為終身研究員，成為中國中醫科學院第一位終身研究員。

　　由於雙氫青蒿素臨床藥效提高10倍，用藥量小、復燃率降至1.95%，進一步體現了青蒿素類藥物「高效、速效、低毒」的特點。那位非洲女孩的名字「科泰新」，正是來源於雙氫青蒿素在製藥企業投產後的商品名。「科泰新」被廣泛用於各種瘧疾的治療，在很長一段時間裏，甚

—
1982 年 10 月，在全國科學技術獎勵大會上，屠呦呦以抗瘧新藥 ——
青蒿素第一發明單位第一發明人的身份，領取證書獎章。

—

1985 年，中醫研究院中藥研究所同事合影（前排左三：屠呦呦；左四：時任所長的姜廷良）。

—

1986 年 10 月 3 日，衞生部頒發的青蒿素《新藥證書》。

—

1992 年 7 月 20 日，衞生部頒發的雙氫青蒿素片《新藥證書》。

—

1992 年 12 月，「雙氫青蒿素及其片劑」被評為全國十大科技成就。

至是中國國家領導人出訪非洲必送的禮物，在當地被譽為「中國神藥」。

根據世衛組織的統計，全球有 20 多億人生活在瘧疾高發地區 —— 非洲、東南亞、南亞和南美。自 2000 年起，撒哈拉以南非洲地區約 2.4 億人受益於青蒿素聯合療法，約 150 萬人因該療法避免了瘧疾導致的死亡。

如今，為進一步提高藥效，中國科學家還研製出青蒿琥酯、蒿甲醚等一類新藥。其中，青蒿琥酯注射劑已全面取代奎寧注射液，成為世界衛生組織強烈推薦的重症瘧疾治療首選用藥，在全球 30 多個國家挽救了 700 多萬重症瘧疾患者的生命，且主要為 5 歲以下兒童。

古老的「中國小草」正釋放着令世界驚歎的力量。

舉國協作的成果

2011 年，作為「醫學界的諾貝爾獎」的拉斯克獎之所以花落屠呦呦，評委會所依據的是三個「第一」：第一個把青蒿素帶到「523」項目組，第一個提取出有 100% 抑制

率的青蒿素，第一個做了臨床實驗。

獲獎之後，與眾人欣喜難言相比，屠呦呦顯得淡定平靜，她多次強調：「這不是我一個人的榮譽，是中國全體科學家的榮譽。」

這並非客套話 —— 舉國大協作創造的奇跡，在青蒿素的研發過程中，已被屢次證明。青蒿素的研究歷程既飽含着屠呦呦等一批科研工作者的心血汗水，也離不開全國上下一盤棋的協作支撐。

青蒿素鑒定書有這樣的記載：1972 年以來，全國十個省、區、市用青蒿製劑和青蒿素製劑在海南、雲南、四川、山東、河南、江蘇、湖北以及東南亞等惡性瘧、間日瘧流行地區，進行了 6555 例臨床驗證，用青蒿素製劑治療2099 例。

藥物的研創，要經歷從選題立項到確立技術路線，從藥材選取到提取化合物，從藥理、毒理分析到臨床研究的漫長過程。如此龐大的系統工程，即使在今天，也要依靠多方面的協同作用。

從 2010 年開始，美國國家科學院院士路易斯‧米勒

一直致力於向拉斯克獎和諾貝爾獎相關評委會推介屠呦呦和她的青蒿素成果。他曾在公開場合說：「從屠呦呦第一個發現了青蒿提取物有效開始，青蒿素的發明就是一個接力棒式的過程。」

中國中醫科學院院長張伯禮院士說：「青蒿素就是幾十家科研機構，幾百位科學家共同奮鬥的歷程。舉國體制在當年困難的條件下發揮了極大作用，這種團隊精神永遠不會過時！」

青蒿素的研究歷程與成果表明，尋找瘧疾治療藥物的「523」項目是在「文革」這一特殊歷史時期，舉全國科技之力協作的一個科研項目。1967 年，項目啟動運行，60 多個科研單位、500 多名科研人員加入到了這個科研集體。1978 年 11 月 28 日，在揚州召開青蒿素鑒定會時，主要研究單位就列了 6 家，主要協作單位竟有 39 家之多，參加鑒定會的人員達 100 多人。

搞一個新藥，用得着那麼多單位、那麼多人嗎？

確實缺一不可！

比如，青蒿素的立體結構的確定過程。在 40 多年

（上）2013 年 6 月 19 日，路易斯‧米勒（左二）來中國中醫科學院中藥研究所交流訪問（右二：屠呦呦；左一：陳士林）。

（下）路易斯‧米勒（前排左二）與「523」項目組重要研究人員的合影（前排左三：屠呦呦；前排右三：張劍方；前排右一：李國橋；後排右一：羅澤淵；後排右二：施凜榮）。

前，作為國家級研究所，中醫研究院中藥所也缺乏先進的儀器設備。上海有機所是當時全國化學研究條件最好的研究所，中藥所與其合作研究青蒿素的化學結構持續了兩年多，未能確定青蒿素的結構。中國科學院生物物理研究所的介入，採用更為先進的 X 線晶體衍射技術，才得以最終確定。

作為大協作的組織協調方，全國「523」辦公室在青蒿素發現的過程中給予了大力的支持。當中藥所發現青蒿乙醚中性提取物對鼠瘧、猴瘧模型瘧原蟲有 100% 抑制率時，就指示當年開展臨床驗證；當中藥所拿到青蒿素單體時，又指示儘快臨床驗證。1974 年 1 月 10-17 日，在北京召開的各地區「523」辦公室負責人員座談會上，指示「有關青蒿的研究工作，由中醫研究院組織雲南、山東等地一起討論交流，協調下一步工作」。1974 年 2 月 5 日，全國瘧疾防治研究領導小組轉發的「523」辦公室負責人員座談會簡報，提到要交流青蒿抗瘧研究經驗。中醫研究院根據這一安排，於 1974 年 2 月 28 日至 3 月 1 日召開「青蒿素專題研究座談會」，參加座談會的有山東中醫藥研究所、

山東寄生蟲防治所、雲南藥物研究所及北京中藥所的科研人員。會議交流了三年來青蒿的研究進展情況，為了加強協作、避免重複、協調任務、加快速度，對下一步的工作進行了分工。中藥所邀請參會的代表參觀了青蒿素研究的各實驗室，並作了詳細介紹，從此拉開了全國大協作的序幕。

一年後的成都會議，有全國八個省市的相關單位參加，對開展青蒿研究的「大會戰」進行了部署，使全國大協作達到了高潮。

原全國「523」領導小組辦公室副主任張劍方說：「青蒿素的研製成功，是我國科技工作者集體的榮譽，六家發明單位各有各的發明創造。從傳統醫藥中，用現代的科技手段研製成功一種新結構類型的藥，發明證書上的六個單位中，無論是哪一個單位，以當時的人才、設備、資金、理論知識和技術，都不可能獨立完成。」

曾參加「523」項目的中國科學院院士周維善感歎道：「青蒿素系列藥物的研製是一個非常複雜的系統工程，有眾多研究人員參與，不是任何一個單位或個人可以包打天

下的。」

　　在整個「523」任務中，高瘧區現場工作是重要的組成部分。現場工作的主要內容是開展流行病學調查、危重病例救治以及藥物臨床觀察等。高瘧區多是偏遠地區，自然條件惡劣，生活條件艱苦。在那些地區開展為期數月的工作，參與人員需要吃苦耐勞，克服諸多困難。例如，在 20 世紀 60 年代末，上海派出 40 人的現場工作組到達海南島。當時島上條件極差，工作中需要翻山越嶺、涉水渡河。工作組闖過了「生活關」「爬山關」「怕蛇關」等各類困難。有個例子可以說明那時的生活條件。一位組員借住在當地農民家裏，同吃同住。一次吃飯時，該組員竟然直接從飯裏夾到一隻小青蛙。在當時的政治氛圍之下，為了表明對農民兄弟的感情，經過激烈的「思想鬥爭」，那位組員還是把青蛙吃下去了。這種現場工作，在今天是難以想像的。

　　那個時期的科研工作中，一直非常強調「獻身精神」。在各個專業組中，也都能看到這種「獻身精神」。「523」研究規劃將雷式按蚊的飼養與繁殖研究工作分配給

上海的科研單位。當時國際上開展按蚊的交配繁殖研究，都要求有恆溫恆濕的橢圓形飼養室等一些較高的科研條件。但是內地的研究條件非常艱苦。科研人員在狹小悶熱的飼養室裏工作，甚至長期用自己雙手供蚊子吮吸，成功地培育出實驗用蚊。上海第二製藥廠研製某種氣味趨避劑時，需要開展模擬實用觀察。有 26 位解放軍戰士自願參加。他們在雙腳踝部和槍帶上固定趨避劑後，於晚上伏臥於蚊蟲密集的河灘草地中，統計被蚊蟲的叮咬次數，以驗證驅蚊效果。

「523」研究另一個重要特點，就是「協作」。地區之間，同專業的研究組及時、密集地相互交流。以上海領銜的「瘧疾免疫科研組」為例，各地區的研究組相互交流計劃、總結、簡報，及時通訊，互通有無，還相互給予工作建議、進行分工協作，並很快印製了瘧疾免疫研究的內部交流專集。這種做法，被全國「523」領導小組充分肯定，並向全國推廣。可以說，在當年「523」這個特殊的體系中，諸多成果都被及時且毫無保留地提供給全國同行參考借鑒。

科研人員在雲南瘧區觀察瘧疾新藥的治療效果

20 世紀六七十年代，科研條件還十分艱苦。在當時大協作的背景下，很多人甚至未能在學術論文中留下名字。他們對科研的這份執着和熱情，源自一個樸素的想法：這是國家的需要。

那些我們知道和不知道姓名的人們，如同「沒有花香，沒有樹高」的小草。他們的貢獻，都值得被歷史銘記。

對抗瘧疾的「中國神藥」

瘧疾，與艾滋病和癌症一起，被世界衛生組織列為世界三大死亡疾病之一。

在青蒿素問世和推廣前，全世界每年約有四億人次感染瘧疾，至少有一百萬人死於此病。感染和死亡者主要集中在撒哈拉以南非洲地區，很多病人死亡，只是因為他們用不起昂貴的傳統抗瘧藥物。

青蒿素的問世，成為當之無愧的「救命藥」。

而在專業人士看來，青蒿素的另一個可貴之處是，它能攻克抗氯喹瘧原蟲感染所致瘧疾，也能對付多藥耐藥瘧

疾，而且幾十年來仍然保持奇高的治癒率，成為抗瘧藥中的一枝獨秀。

更神奇的是，正當抗氯喹瘧原蟲肆虐而讓瘧疾患者無藥可救時，青蒿素有如「及時雨」般地橫空出世，令世人歎為觀止。

理論上，任何藥物在長期應用過程中若使用不當都可能會出現敏感性降低和耐藥性提高乃至藥效逐漸喪失的結局。為此，世界衛生組織強調，對瘧疾不可採用青蒿素單藥治療，並推薦使用基於青蒿素的聯合治療，它實際上是由速效抗瘧藥雙氫青蒿素、青蒿琥酯或蒿甲醚，與長效抗瘧藥哌喹、甲氟喹或本芴醇組成的複方抗瘧藥。

為什麼瘧原蟲不易對青蒿素產生耐藥性呢？秘密就在於青蒿素分子中特有的「過氧橋」—— 這正是青蒿素殺滅瘧原蟲的關鍵因素。

由於青蒿素作用十分迅速，瘧原蟲根本來不及誘導抗氧化酶及抗氧化劑的合成。同時，紅細胞本身不含細胞核，沒有染色體和基因組，也就不可能上調抗氧化酶基因的表達。因此，紅細胞與棲身其中的瘧原蟲因缺乏足夠的

抗氧化活性物質保護，幾乎不可能抵禦青蒿素的凌厲攻勢，一旦遭遇必陷滅頂之災。

如今，以青蒿素類藥物為主的聯合療法已經成為世界衛生組織推薦的抗瘧疾標準療法。世衛組織認為，青蒿素聯合療法是目前治療瘧疾最有效的手段，也是抵抗瘧疾耐藥性效果最好的藥物，中國作為抗瘧藥物青蒿素的發現方及最大生產方，在全球抗擊瘧疾進程中發揮了重要作用。

在瘧疾重災區非洲，青蒿素已經拯救了上百萬生命。根據世衛組織的統計數據，自 2000 年起，撒哈拉以南非洲地區約 2.4 億人口受益於青蒿素聯合療法，約 150 萬人因該療法避免了瘧疾導致的死亡。

津巴布韋衛生部抗瘧項目負責人姆貝里庫納什說，津巴布韋衛生部 2010 年至 2013 年進行的一項跟蹤調查顯示，服用青蒿素抗瘧藥物的瘧疾患者治癒率高達 97%。津巴布韋自 2008 年開始推廣以青蒿素為基礎的複方藥物。本世紀初，津巴布韋瘧疾患病率為 15%，到 2013 年這一比率已下降至 2.2%，青蒿素抗瘧藥物的普及和推廣在其中發揮了重要作用。

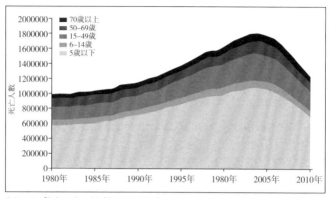

資料來源：Christopher J L Murray, et al. Global malaria mortality between 1980 and 2010: a systematic analysis, *Lancet 2012*, 379: 413-431.

一

（上）1980-2010 年全球瘧疾死亡人數統計（年齡分佈）

（下）右起：青蒿標本、青蒿素、青蒿素製品。

在南非的夸祖魯納塔爾省，中國的複方蒿甲醚使瘧疾患病人數減少了 78%，死亡人數下降了 88%；在西非的貝寧，當地民眾都把中國醫療隊給他們使用的這種療效明顯、價格便宜的中國藥稱為「來自遙遠東方的神藥」……

世界衛生組織非洲區事務負責人特希迪‧莫蒂說，青蒿素治療瘧疾的發現對世界人民的健康福祉帶來巨大改變，「瘧疾是非洲人民尤其是非洲兒童的主要健康殺手。多年來，青蒿素挽救了大量非洲人民的生命，對非洲實現聯合國千年發展目標發揮了重要作用」。

利比里亞衛生部長伯尼斯‧達恩表示，「在我的國家，瘧疾是人民健康的主要殺手」。此前，利比里亞一直用奎寧等其他療法對付瘧疾，都有明顯副作用。自從改用青蒿素以來，這些顧慮便不再有。同時，「中國政府多次對我們進行醫療援助，幫助我們開展科研以防控瘧疾，人們都對此心存感激」。

塞內加爾衛生部長阿娃‧塞克說，她曾在一線工作多年，有過治療瘧疾的經驗，親身見證過青蒿素的療效，青蒿素研究成果給非洲所有受瘧疾困擾的國家帶來希望。

「我的國家每年都會暴發瘧疾疫情，」尼日爾衛生部副部長阿爾祖馬·達里說，「我很感謝中國長久以來對我們國家的醫療援助，尼日爾也在用青蒿素藥物控制瘧疾，並取得顯著成效」。

加蓬衛生部副部長塞萊斯蒂納·巴說，中國在公共健康領域付出了很大努力，抗瘧藥物青蒿素的發現對治療瘧疾有重要作用，尤其是在衛生條件有限的國家和地區。

自 20 世紀 60 年代起，中國就開始派遣醫療隊前往非洲進行無償的醫療支援和疾病防治。截至 2009 年底，中國在非洲援建了 54 所醫院，設立 30 個瘧疾防治中心，向 35 個非洲國家提供價值約兩億元人民幣的抗瘧藥品。

2015 年 10 月 23 日，毛里求斯總統阿米娜·古里布－法基姆來華出席活動期間，專門訪問中國中醫科學院中藥研究所。這位同時身為著名生物學家的女總統對屠呦呦獲得諾貝爾獎表示祝賀，她說，屠呦呦研究員的工作讓世界的目光重新聚焦到傳統醫學上，不僅對中國非常重要，對於發展中國家和世界傳統醫學也有非凡意義。對中醫藥有着濃厚興趣的她同時表示，非洲的傳統醫藥資源非常豐富，

迫切希望與中國建立起傳統醫藥領域的合作關係，以此拓展「南南合作」平台，毛里求斯將成為中醫藥走向世界的窗口。

「這是中醫中藥走向世界的一項榮譽。它屬於科研團隊中的每一個人，屬於中國科學家群體。」

第五章

享譽世界

屠呦呦和她的學生

1981 年,中醫研究院入選中國首批博士和碩士學位授予單位名單,屠呦呦開始招收碩士研究生,共培養四名碩士生,其中,吳崇明和顧玉誠研究了傳統中藥延胡索、牡蒿、大薊、小薊的有效成分或化學成分,承襲了屠呦呦做青蒿素研究的方法。

中藥研究所 2001 年申報中藥學博士點成功後,她於 2002 年又招收了博士生王滿元。

王滿元攻讀博士期間,考慮到學生培養的目的以及培養計劃的完整性和可實施性,屠呦呦指導他完成了紅藥化學成分和初步生物活性研究的學位論文,紅藥是苦苣苔科唇柱苣苔屬植物紅藥的全草,為壯醫常用藥材,係中國特有,主產廣西西南部,常用於月經不調,身體虛弱,貧血及跌打骨折。這也是她少有的中藥青蒿之外的工作,由此可以看出,屠呦呦在 70 歲後仍努力育人的工作態度。

王滿元現任首都醫科大學中醫藥學院中藥藥劑學系主任,他第一次「認識」自己的導師屠呦呦,是通過一個筆

1987 年 7 月，屠呦呦邀請碩士研究生顧玉誠（左三）及同事到家中做客。

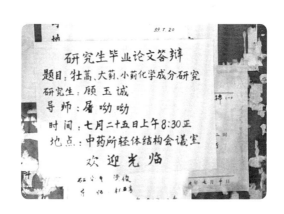

1989 年 7 月 25 日，顧玉誠的碩士畢業論文答辯會。

記本。這個 32 開深綠色的筆記本，記載着她年輕時對中藥中各大類化學成分提取、分離的一些信息。

2002 年，王滿元剛剛入學時，屠呦呦將這本筆記鄭重贈予弟子，讓他對植物化學有所了解，在當時的王滿元看來，這本寫滿了中藥化學屬性的筆記「依舊不過時」。

王滿元說，透過泛黃的扉頁，仿佛看到了一位嚴謹篤行的學術前輩每日伏案的瞬間。這本扉頁上寫着「向雷鋒同志學習」的筆記，成稿於 20 世紀 60 年代末 70 年代初，當時屠呦呦剛剛接手中國抗瘧疾藥物研發的「523」項目，在科研資料不易得的情況下，很多中藥信息只能從各地學校「革委會」的傳閱材料中收集。每每獲得，她就抄錄其中，纖毫必錄。用了三個月時間，她收集了包括內服、外用、植物、動物、礦物在內的 2000 多個方藥，對其中 200 多種中草藥 380 多種提取物進行篩查。

2002 年，屠呦呦承接「中藥標準及相關中醫藥臨床療效評價標準」專項中有關青蒿的子項目，當時，唯一的組員楊嵐研究員將要去日本進修。因為缺人手，當時剛剛成為屠呦呦博士生的王滿元，就被要求調進組。彼時，72 歲

的屠呦呦每個月都會打車到實驗室，指導王滿元開展相關研究。

「屠老師究竟算西醫還是中醫呢？」王滿元記得，每次有人這麼問她，屠呦呦都不作回答。作為她的弟子，王滿元知道，中醫西醫之爭，屠呦呦並不關心。

「屠老師一輩子做科研的奔頭兒就是利用科學技術探索中藥更好的療效，她對我的培養也是堅持這個信念。」王滿元一入學就收到老師的「禮物」——屠呦呦已畢業的碩士研究生吳崇明和顧玉誠的碩士論文。這兩篇論文承襲了屠呦呦做青蒿素研究的方法。

王滿元認為，這份禮物不僅意在讓他揣摩其中的研究思路，也是對師門傳統的一次研習。

在他攻讀博士期間，屠呦呦還出資讓他去北大醫學部、協和醫科大學學習中草藥化學、波譜解析等課程。

「屠老師是一個特別執着、堅定，事業心特別重的人，心無旁騖。」令王滿元印象深刻的是，屠呦呦平時有剪報的習慣，尤其關注健康衛生領域的重大事件和新聞，經常讓王滿元尋找相關資料補充知識。在 SARS 期間，她

中國中醫研究院 2005 屆研究生畢業典禮上，屠呦呦與其博士生王滿元
合影。

和中國預防醫學科學院合作，研究青蒿素類藥物對 SARS 疫情可能的治療效果。

王滿元說：「他們這一輩科學家，有着很強的國家榮譽感和集體歸屬感，也有着很堅定和樸素的科學信仰。她對我的影響是潛移默化的，從她身上，我學到了做科研，在找到你關注的方向後，就要堅定地走完科研道路。」

喜獲拉斯克等國際大獎

2011 年 9 月 12 日，對屠呦呦而言，是她本來默默無聞的科研之路第一次走進公眾視線。

當日，2011 年度拉斯克獎的獲獎名單揭曉，屠呦呦獲得臨床醫學獎，獲獎理由是「因為發現青蒿素 —— 一種用於治療瘧疾的藥物，挽救了全球特別是發展中國家的數百萬人的生命」。

如果沒有之後的諾貝爾獎，這就是中國生物醫學界獲得的世界最高等級獎項。

旨在表彰醫學領域做出突出貢獻的科學家、醫生和公

共服務人員的拉斯克獎，是生物醫學領域僅次於諾貝爾獎的一項大獎。截至屠呦呦獲獎的 2011 年，300 多位獲獎者中，有數十人相繼獲得諾貝爾獎。拉斯克獎的份量已經很清楚 ── 頒發於諾貝爾獎之前，以獲獎者與諾貝爾獎得主的高重合率而聞名，被譽為諾貝爾獎風向標。

於是，當時關於屠呦呦的報道中，這幾句點評變得司空見慣 ──「離諾獎最近的中國女人」，「值得獲諾貝爾獎」。

北京時間 2011 年 9 月 24 日凌晨，在 2011 年度拉斯克獎頒獎典禮上，屠呦呦接過了沉甸甸的獎杯。時年 81 歲的她，很認真地表達了自己的獲獎感言：「這是中醫中藥走向世界的一項榮譽。它屬於科研團隊中的每一個人，屬於中國科學家群體。」

的確，這是第一次全世界都清楚地知道，源遠流長的中醫藥學，成功攻克了一個世界性健康難題。

「在人類的藥物史上，我們如此慶祝一項能緩解數億人疼痛和壓力並挽救上百個國家數百萬人生命的發現的機會並不常有。」斯坦福大學教授、拉斯克獎評審委員會成

—

（上）20 世紀 90 年代，屠呦呦在做雙氫青蒿素的液相分析試驗。

（下）屠呦呦作課題報告

員露西‧夏皮羅在講述青蒿素發現的意義時說，青蒿素這一高效抗瘧藥的發現歸因於屠呦呦及其團隊的「洞察力、視野和頑強信念」，為世界提供了過去半個世紀裏最重要的藥物干預方案。

世界衛生組織全球瘧疾規劃協調員 Pascal Ringwald 在當時表示，過去十年，全球死於瘧疾的人數下降了 38%，全球 43 個國家，其中包括 11 個非洲國家瘧疾發病率和瘧疾死亡率都下降 50% 以上。青蒿素類藥物的問世，為人類抗擊瘧疾的戰鬥提供了有效武器。

相比青蒿素的抗瘧能力，屠呦呦在得獎後，尤為關注的，還有這個獎對於中醫藥學的意義。在頒獎典禮上，屠呦呦表情平靜地講述完青蒿素的研發歷程後，她才頗有些激動地說：「要呼籲進一步發掘傳統中醫藥，繼承發揚、繼承提高、繼承創新。中醫藥是偉大寶庫，對世界人民健康的潛力還有待繼續發掘。我們老祖宗替我們保留了很多有益的經驗。我們找到青蒿素，解決了全球迫切想解決的問題。類似的傳統藥還有很多。」

國家中醫藥管理局當時發出的賀信中說，屠呦呦研究

員獲得拉斯克臨床醫學研究獎，充分説明了中醫藥學是一個偉大的寶庫，展示了中醫藥學的科學價值，體現了中國在生物醫學領域的科技創新能力，振奮了廣大中醫藥工作者的精神。

「國內和國際對中藥的努力可能將中藥帶到一個新的時代，挽救更多人的生命。」得知屠呦呦獲拉斯克獎後，研究青蒿素歷史的北京大學生命科學院院長饒毅説，青蒿素證明了從傳統藥物獲得確定化學成分藥物的價值。這能刺激國際醫藥界用傳統藥物尋找全新化學結構的藥物、發現有效化合物。這也是警醒人們努力確定中藥特定化學成分和特定疾病的關係。

青蒿素還在造福人類，這項植根於中華大地的科研成果，作為傳統中醫藥瑰寶，正是從獲得拉斯克獎起，開始在國際生物醫學界得到越來越多的權威肯定。

獲得拉斯克獎四年後，屠呦呦及其團隊的工作再次受到國際科學界的認可。2015 年 6 月，華倫・阿爾波特基金會及哈佛大學醫學院將 2015 年度華倫・阿爾波特獎授予在瘧疾預防及治療中做出具有先驅性和突破性貢獻的屠呦

（上）2011年9月，拉斯克獎評委和獲獎人員合影（前排左二：屠呦呦；後排左二：亞瑟‧霍里奇；後排左三：弗朗茲－烏爾里奇‧哈特爾；美國國立衛生研究院（NIH）作為一個組織獲拉斯克公共服務獎，後排左一為該組織領獎人）。

（下）屠呦呦夫婦及大女兒李敏一家在拉斯克獎頒獎典禮上合影。

呦及其他兩位科學家。屠呦呦因身體原因無法出席授獎儀式，由家屬代其領獎。

華倫‧阿爾波特基金會由華倫‧阿爾波特先生於 1987 年創立，專門用於獎勵為人類健康事業做出突破性發現的科學家。至今已有 51 位科學家獲華倫‧阿爾波特獎，其中有 8 位科學家（包括屠呦呦）先後獲得諾貝爾獎。屠呦呦獲獎，是該獎項首次頒發給中國科學家。

意外的諾貝爾獎

2015 年 10 月 5 日，在拿下「諾獎風向標」拉斯克獎四年後，屠呦呦真正成為了諾貝爾獎獲得者。

瑞典卡羅林斯卡學院在這一天宣佈，將 2015 年諾貝爾生理學或醫學獎授予中國藥學家屠呦呦以及愛爾蘭科學家威廉姆‧坎貝爾和日本科學家大村智，表彰他們在寄生蟲疾病治療研究方面取得的成就。

屠呦呦也就此成為諾貝爾醫學獎史上第 12 位女性得主。她的獲獎理由是「有關瘧疾新療法的發現」。諾貝爾

生理學或醫學獎評委讓‧安德森說：「屠呦呦是第一個證實青蒿素可以在動物體和人體內有效抵抗瘧疾的科學家。她的研發對人類的生命健康貢獻突出，為科研人員打開了一扇嶄新的窗戶。屠呦呦既有中醫學知識，也了解藥理學和化學，她將東西方醫學相結合，達到了一加一大於二的效果，屠呦呦的發明是這種結合的完美體現。」

諾貝爾獎評選委員會用「價值無法估量」來評價2015年的獲獎成果：「由寄生蟲引發的疾病困擾了人類幾千年，構成重大的全球性健康問題。屠呦呦發現的青蒿素應用在治療中，使瘧疾患者的死亡率顯著降低；坎貝爾和大村智發明了阿維菌素，從根本上降低了象皮病和河盲症的發病率。今年的獲獎者們均研究出了治療『一些最具傷害性的寄生蟲病的革命性療法』，這兩項獲獎成果為每年數百萬感染相關疾病的人們提供了『強有力的治療新方式』，在改善人類健康和減少患者病痛方面的成果無法估量。」

2015年的國慶假期，整個中國都因此而欣喜。

消息發佈當日，國務院總理李克強致信國家中醫藥管理局，對中國著名藥學家屠呦呦獲得2015年諾貝爾生理學或

李克強致信国家中医药管理局祝贺屠呦呦
获得2015年诺贝尔生理学或医学奖

—
2015 年 10 月 5 日，李克強總理致信祝賀屠呦呦獲得 2015 年諾貝爾生
理學或醫學獎（圖為 10 月 6 日中央電視台《新聞聯播》的相關報道）。

醫學獎表示祝賀。賀信説，長期以來，中國廣大科技工作者包括醫學研究人員默默耕耘、無私奉獻、團結協作、勇攀高峰，取得許多高水平成果。屠呦呦獲得諾貝爾生理學或醫學獎，是中國科技繁榮進步的體現，是中醫藥對人類健康事業做出巨大貢獻的體現，充分展現了中國綜合國力和國際影響力的不斷提升。希望廣大科研人員認真實施創新驅動發展戰略，積極推進大眾創業、萬眾創新，瞄準科技前沿，奮力攻克難題，為推動中國經濟社會發展和加快創新型國家建設做出新的更大貢獻。

國務院副總理劉延東女士委託中國科協、國家中醫藥管理局負責人於 2015 年 10 月 5 日晚看望屠呦呦並表示祝賀。

10 月 5 日，全國婦聯致信屠呦呦，祝賀她榮獲 2015 年諾貝爾生理學或醫學獎；10 月 10 日下午，全國人大常委會副委員長、全國婦聯主席沈躍躍專門前往看望屠呦呦。

國家多個權威機構舉辦了多個相關座談會。10 月 8 日，在國家衛生計生委、國家中醫藥局、國家食品藥品監

管總局聯合召開祝賀屠呦呦榮獲 2015 年諾貝爾獎座談會上，全國人大常委會副委員長陳竺向屠呦呦表達祝賀。他說，屠呦呦的工作為青蒿素治療人類瘧疾奠定了最重要的基礎，得到國家和世界衛生組織的大力推廣，挽救了全球範圍特別是廣大發展中國家數以百萬計瘧疾患者的生命，為人類治療和控制這一重大寄生蟲類傳染病做出了革命性的貢獻，也成為用科學方法促進中醫藥傳承創新並走向世界最輝煌的範例。作為有世界影響的科學家，陳竺始終關心支持着青蒿素研究工作。他很久前就指出：青蒿素是中國的驕傲。

8 日，中國科協也主辦了「科技界祝賀屠呦呦榮獲諾貝爾醫學獎座談會」……

屠呦呦的獲獎，也在國際社會引起廣泛關注。

中醫藥學的成就

從 1955 年分配到中醫研究院中藥研究所工作至今，60 年裏，屠呦呦很少離開自己的辦公場地。她始終專注於那

種神奇的「中國小草」，與之相關很多優秀的研究成果都出自這裏。

在發現青蒿素後，屠呦呦並未就此止步，對事業的執着追求，讓她開始進行更加深入的探索。在 1973 年，屠呦呦成功合成雙氫青蒿素，以證實青蒿素結構中羰基的存在。她合成出來的這種化學物質，後來被證明比天然青蒿素的效果還要強得多。

經過屠呦呦和她的團隊共同努力，到 1983 年 8 月，完成了青蒿素栓的製劑研究。1986 年青蒿素獲得編號為（86）衞藥證字 x-01 號的新藥證書。

這是 1985 年頒佈《中華人民共和國藥品管理法》和《新藥審批辦法》後，衞生部批准的第一個新藥證書。

從 1973 年 9 月青蒿素膠囊 3 例首次臨床初試全部有效，到 1986 年青蒿素類製劑首次被批准正式上市，用了近 13 個年頭！

執着於中草藥研究的屠呦呦，於 2009 年編寫出版《青蒿及青蒿素類藥物》一書，並成為「十一五」國家重點圖書。她總對來採訪的人說，有這本書就夠了。作為科學

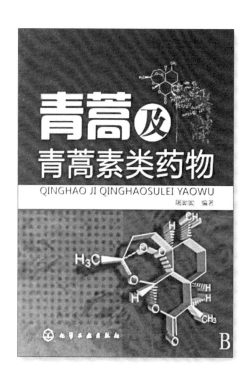

家，她只願意用這本 260 頁厚的學術著作來與世界對話，對於更多其他的，她似乎無話可說。

從屠呦呦發表的論著來看，她長期專注於中藥青蒿本身，進行中藥青蒿的有效成分研究，她對中藥青蒿幼株、正品等的研究都發表了相關研究成果。

屠呦呦自己雖然沒有顯赫的頭銜，但這絲毫不妨礙她全身心地投入醫學領域，並最終斬獲諾獎。

屠呦呦說：「因為做了一輩子，希望青蒿素能夠物盡其用，也希望有新的激勵機制，讓中醫藥產生更多有價值的成果，更好地發揮護佑人類健康的作用。」

中醫藥所獨有的原創優勢，也是屠呦呦獲得諾獎的重要助力。

其實，中醫藥從來就是中國最有原創優勢的科技領域 ——

東漢時期的張仲景以治療「傷寒」病著名，其中醫經典著作《傷寒論》論述了對多種傳染性疾病不同時期的治療方法，不但書中的方藥沿用至今，其靈活多變的辨證施治方法也奠定了中醫臨床實踐的基石。日本漢方醫的經方

派至今還用張仲景的原方治療病毒性肝炎等傳染病。

中國醫學家早在公元 980-1567 年間就發明了人痘接種術。人痘接種是牛痘接種術發明以前最有效的預防天花的方法，在中國曾廣泛應用，後來還西進歐洲流行美國，拯救了千百萬人的生命，並促進了現代免疫預防醫學的誕生。

公元前 369 年至公元 1644 年的明朝末年，僅正史記載的疾病大流行就有 95 次。而《清史稿》中記錄更多達 100 多次。如此高頻率的瘟疫流行，卻並未影響中國當時人口的高度增長。清朝中期人口突破 1 億，末期達到 3 億。而同期的歐洲人口總數才 1.5 億，而且是低速增長。此中原因可能很多，但中醫的貢獻功不可沒。

……

在屠呦呦看來，發現青蒿素的奧秘，對於自己的意義在於：「把老祖宗的精華通過現代科學給發掘出來，這是我最感欣慰的。」

這背後蘊含的，正是中國中醫藥界耳熟能詳的那句話 —— 中西醫結合。

身為全國第三期西醫離職學習中醫班的學員，屠呦呦的科研之路，足以成為最佳案例。

　　這位成長於新中國成立初期的女科學家十分清楚，那段舉國推動「中西醫結合」的歲月，對於中國傳統醫藥學發展的意義。

　　如今，中國傳統中醫藥也在國際社會得到更多讚譽。諾貝爾生理學或醫學獎評選委員會主席齊拉特說：「中國女科學家屠呦呦從中藥中分離出青蒿素應用於瘧疾治療，這表明中國傳統的中草藥也能給科學家們帶來新的啟發。」她表示，經過現代技術的提純和與現代醫學相結合，中草藥在疾病治療方面所取得的成就「很了不起」。

　　中華文化博大精深，中醫藥就是中華文明幾千年的創造和積累，是一個大寶庫，需要被傳承。中醫藥的存續守護了無數中華兒女的健康，可以說中醫在很長一段時間是世界上超一流的醫學。神醫扁鵲，華佗再世，都反映了特定歷史時代中醫的輝煌。如今屠呦呦獲獎，再次肯定了中醫藥的潛力。將中醫藥傳承下去，勢在必行。

　　對此，中國中醫科學院院長、中國工程院院士張伯禮

漫畫釣魚：西方新藥研發是從十萬個化合物中才有可能篩選到一個最終能成為上市藥品的化合物，猶如在「大海裏釣魚」；而中國中醫藥有幾千年的積累，現代新藥開發猶如在中醫藥「水缸」裏釣魚。

深有感觸，他認為，中醫藥原創思維與現代科技相結合，能產生原創成果。在談到屠呦呦獲諾貝爾醫學獎的啟示時，他說：「中醫藥學從來不是封閉的，也是與時俱進、不斷發展的，吸收不同時代的新認識和新技術方法為我所用。當代，科學技術突飛猛進，中醫藥發展也需要與現代科技相結合，不斷豐富中醫藥的科學內涵和時代特色。中醫藥是我國具有自主知識產權的主要領域，中醫藥獨特的理論體系和原創思維，可謂科技創新的不盡源泉，蘊含着巨大的創新潛力。中醫原創思維和經驗結合現代科技就會產生原創性的成果，青蒿素的研發成功就是遵循這條路徑。我們提倡中醫藥現代化，不是說傳統就不重要。探索中醫藥科技創新的路徑和方法，既要善於從古代經典醫籍中尋找創新靈感，也要善於學習借鑒先進科學技術。中醫藥與現代科學理論、技術方法的滲透結合，可以豐富生命科學的內容，提高醫療衛生服務能力，為實施創新驅動發展戰略、轉變經濟發展方式做出更大貢獻。」

對中醫藥的原創優勢，中國中醫科學院中藥研究所所長陳士林認為：「越是民族性的東西，越具有生命力。在

傳統醫藥領域，蘊含着巨大的原創性科技資源，與現代科技結合，就有可能產生許多原創性的重大科研成果，並造福人類，如砒霜（三氧化二砷）治療白血病、漢防己鹼抗病毒、黃連素治療糖尿病等。」

另外，特別值得留意的是，實現中國本土自然科學領域諾獎零突破的，是一位女性，這足以讓人驚歡欣喜。

諾貝爾獎 115 年來，有 592 位科學家獲得自然科學獎，女性獲獎者有 17 位、18 人次，只佔區區 3%。其中，化學獎獲得者只有 4 位，兩位還是居里夫人母女。物理學獎則只有兩位女性得主，其中還是居里夫人貢獻了一半，而且自 1963 年以來，女性再也沒有獲得過物理學獎。生理學或醫學獎稍好，迄今 12 位女性得主，但也只佔生理學或醫學獎得主總數的 5%。在這樣的歷史背景中，屠呦呦獲獎，不僅是中國科學界的驕傲，也是中國女性的驕傲、全世界女性的驕傲。

屠呦呦的獲獎，說明中國女性在智能方面同樣出類拔萃。女性在順利「走出廚房後」，能夠贏得多大的舞台，屠呦呦的成長之路，已給出了答案。在科學研究的能力和

格蒂・特蕾莎・科里
美國，1947 年

羅莎琳・薩斯曼・耶洛
美國，1977 年

芭芭拉・麥克林托克
美國，1983 年

麗塔・列維-蒙塔爾奇尼
意大利，1986 年

格特魯德・B. 埃利恩
美國，1988 年

克里斯汀・紐斯林-沃爾哈德
德國，1995 年

琳達・巴克
美國，2004 年

佛朗索瓦絲・巴爾-西諾西
法國，2008 年

伊麗莎白・布萊克本
澳大利亞，2009 年

卡羅爾・格雷德
美國，2009 年

梅・布里特・莫索爾
挪威，2014 年

屠呦呦
中國，2015 年

―

獲得諾貝爾生理學或醫學獎的 12 位女性

潛力方面，那些認為女性在科研領域難有作為的刻板印象和陳腐觀念，純屬無稽之談和迂腐之論。

屠呦呦的經歷也說明，男女平等政策，對女性發展和國家發展的雙重推動。屠呦呦的獲獎，正是這些政策和措施所結出的碩果。隨着國家愈加重視女性人才成長、更多支持女性人才成長的政策舉措出台、社會各界合力營造有利於女性人才成長的良好環境，更多的「屠呦呦」將在平等的環境下茁壯成長，在沒有「天花板」的空間裏脫穎而出。

如今，85 歲的屠呦呦依然執着於中醫藥事業。這位受人尊敬的女性身上，充分體現了醫學工作者服務大眾、濟世救人的崇高情懷，充分體現了中國科學家求真務實、艱苦探索、專注事業、勇於創新的職業風範。

執拗的呦呦

2005 年，屠呦呦的家從北京三里屯搬到了朝陽區金台路附近一個小區中的一幢高樓。按北京人的習慣說法，這是一套三室兩廳格局的房子。房子的視野較開闊，不僅採

—
2015 年 11 月 19 日，屠呦呦及丈夫李廷釗，與張伯禮（右一）和瑞典
駐華大使羅睿德（左二）合影。

光較好，從客廳向外望去，中央電視台新址、人民日報社等北京新地標也皆入眼中。屠呦呦夫婦對新居所很滿意。按照這個家庭的習慣，做出購買這樣一套房子的重大決定自然又是丈夫李廷釗拍板，李廷釗也一直把它視為自己晚年的得意之作。也正是在這裏，屠呦呦收穫了一個個國際大獎，成為世界矚目的人物。

雖然已年過八旬，但屠呦呦從未把自己納入退休行列。這不僅因為她是中國中醫科學院終身研究員，擔任着青蒿素研究中心主任，更重要的是她個人的興趣從未轉移：那就是她從大學開始始終為之奉獻的醫藥學事業。她執拗的性格決定了這一點。

就在青蒿素越來越受到青睞並得到廣泛使用時，屠呦呦的關注點卻已轉移到青蒿素被濫用以及瘧原蟲耐藥性問題上。她很早就注意到，在一些科學文獻和新聞報道中提及，原本作為特效藥的青蒿素，殺滅瘧原蟲的週期正漸漸變長，對青蒿素產生抗藥性的瘧原蟲，已經出現在一些瘧疾發病區。屠呦呦說，像這一領域內的其他研究人員一樣，對最近一些報告中提到對青蒿素產生抗藥性瘧原蟲的

出現，她深感憂慮。世衛組織為此做出了正確的戰略決策，建議為了避免出現這種抗性，須停止單一使用青蒿素的治療方法。

屠呦呦進一步提到，一些地區大規模使用青蒿素預防瘧疾的做法，是產生藥物抗藥性的一種潛在因素，希望國際社會規範瘧疾治療方法，停止對青蒿素的藥物濫用。

屠呦呦從不諱言自己對如何利用青蒿素的獨特立場。無論別人怎麼說怎麼做，她都努力堅持自己的觀點。這種執拗的性格始終伴隨着她，從未改變。

1975年，在進一步部署青蒿研究「大會戰」的成都會議上，她就曾因此受到批評。據黎潤紅整理的《「523任務」大事記（1964至1981年）》記載，成都會議「會上各研究單位匯報交流了各項研究工作的進展情況，會議特別提到廣東中醫學院中醫中藥研究組八年如一日，堅持深入瘧區農村，積累了救治腦型瘧疾的經驗，取得了較好成績。與此同時也提到有些單位偏重於實驗室研究，關起門來搞提高的傾向也時有表現」。而據相關知情人士介紹，這句帶有批評意味的話，針對的對象之一就是屠呦呦及其

屠呦呦漫畫（曹一繪，曹一供圖）

研究團隊。當許多人響應號召，興致勃勃地將青蒿素廣泛投入臨床試驗時，作為發現者，屠呦呦卻堅持要在實驗室裏搞清楚青蒿素的結構，在明確結構後再確定是否應大面積投入臨床應用。她認為這才是對病患負責、遵循醫學基本規律的態度。

與執拗密切相關的是她對創新的不斷追求與認知。2015 年 12 月 2 日晚上，就在前往斯德哥爾摩領取諾貝爾獎的前兩天，屠呦呦還對陳士林談到創新的重要性。她丈夫李廷釗在旁邊插話道，創新是五中全會的決定，都已經寫到文件裏了。她一聽馬上聲音高亢地說，中央的這個決定好，我贊成。她接着說道：其實如果說當年發現青蒿抗瘧的秘密那就是創新，要想着各種辦法試。現在，要使青蒿素不斷煥發新的生命力，就依然要不斷創新。只有這樣才能取得成功。對於 85 歲的屠呦呦而言，創新不是一個什麼時髦的詞匯，而是她始終踐行的理念，更是她科研成功之路的關鍵。

她的執拗性格還表現在她那深深的愛國情懷。對於屠呦呦，只要是國家需要，她都會盡自己的所有努力去完

成、去拚搏。對祖國的摯愛是她心中最珍愛的東西。為能承擔起青蒿素研究任務，她毫不猶豫地選擇了與兩個女兒骨肉分離之苦；為徹底了解青蒿素的毒副作用，她冒着生命危險主動以身試藥。

回顧這位八十多歲老人曾經做出的諸多重大決定與選擇，我們都可以找到報效國家這一決定性因素。就連決定去瑞典領取諾貝爾獎也是如此。本來屠呦呦年事已高，身體有病加上近年腰不好，對於是否去領獎她是猶豫的，她最初在接受《紐約時報》等媒體採訪時也已明確表達了這一態度。但當單位相關同事勸她說，獲得諾獎不僅是個人的榮譽，也是國家的榮譽，如果可能還是要去的時候，她就馬上決定奔赴瑞典。李廷釗說，一說到國家需要，她就不會再選擇別的。她一輩子都是這樣。

執拗於規律，執拗於創新，執拗於愛國，執拗於理想，雖千萬人吾往矣。這就是屠呦呦！這就是一位中國科學家獨特而深深的情懷！

「請各位有機會時更上一層樓，去領略中國文化的魅力，發現蘊含於傳統中醫藥中的寶藏！」

附

錄

在瑞典卡羅林斯卡學院的演講 （2015 年 12 月 7 日）

屠呦呦

尊敬的主席先生，尊敬的獲獎者，女士們，先生們：

今天我極為榮幸能在卡羅林斯卡學院講演，我報告的題目是：青蒿素 —— 中醫藥給世界的一份禮物。

在報告之前，我首先要感謝諾貝爾獎評委會、諾貝爾獎基金會授予我 2015 年生理學或醫學獎。這不僅是授予我個人的榮譽，也是對全體中國科學家團隊的嘉獎和鼓勵。在短短的幾天裏，我深深地感受到了瑞典人民的熱情，在此我一併表示感謝。

謝謝 William C. Campbell（威廉姆·坎貝爾）和 Satoshi Ōmura（大村智）二位剛剛所作的精彩報告。我現在要説的是 40 年前，在艱苦的環境下，中國科學家努力奮鬥從中醫藥中尋找抗瘧新藥的故事。

關於青蒿素的發現過程，大家可能已經在很多報道中看

到過。在此，我只做一個概要的介紹。這是中醫研究院抗瘧藥研究團隊當年的簡要工作總結，其中藍底（編者按：在本書中為灰底）標示的是本院團隊完成的工作，白底標示的是全國其他協作團隊完成的工作。藍底向白底過渡標示既有本院也有協作單位參加的工作。

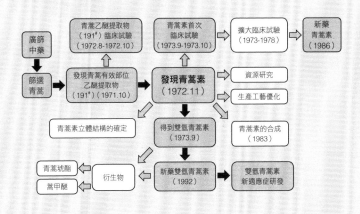

中藥研究所團隊於 1969 年開始抗瘧中藥研究。經過大量的反覆篩選工作後，1971 年起工作重點集中於中藥青蒿。又經過很多次失敗後，1971 年 9 月，重新設計了提取方法，改用低溫提取，用乙醚回流或冷浸，而後用鹼溶液除掉酸性部位的方法製備樣品。1971 年 10 月 4 日，青蒿乙醚

中性提取物，即標號 191[#]的樣品，以 1.0 克／公斤體重的劑量，連續 3 天，口服給藥，鼠瘧藥效評價顯示抑制率達到 100%。同年 12 月到次年 1 月的猴瘧實驗，也得到了抑制率 100%的結果。青蒿乙醚中性提取物抗瘧藥效的突破，是發現青蒿素的關鍵。

1972 年 8 月至 10 月，我們開展了青蒿乙醚中性提取物的臨床研究，30 例惡性瘧和間日瘧病人全部顯效。同年 11 月，從該部位中成功分離得到抗瘧有效單體化合物的結晶，後命名為「青蒿素」。

1972 年 12 月，開始對青蒿素的化學結構進行探索，通過元素分析、光譜測定、質譜及旋光分析等技術手段，確定化合物分子式為 $C_{15}H_{22}O_5$，分子量 282。明確了青蒿素為不含氮的倍半萜類化合物。

1973 年 4 月 27 日，中國醫學科學院藥物研究所分析化學室進一步復核了分子式等有關數據。1974 年起，與中國科學院上海有機化學研究所和生物物理所相繼開展了青蒿素結構協作研究的工作。最終經 X 光衍射確定了青蒿素的結構。確認青蒿素是含有過氧基的新型倍半萜內酯。立體結構於

1977 年在中國的《科學通報》發表，並被《化學文摘》收錄。

　　1973 年起，為研究青蒿素結構中的功能基團而製備衍生物。經硼氫化鈉還原反應，證實青蒿素結構中羰基的存在，發明了雙氫青蒿素。經構效關係研究：明確青蒿素結構中的過氧基團是抗瘧活性基團，部分雙氫青蒿素羥基衍生物的鼠瘧效價也有所提高。

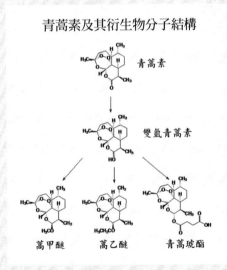

青蒿素及其衍生物分子結構

　　這裏展示了青蒿素及其衍生物雙氫青蒿素、蒿甲醚、青蒿琥酯、蒿乙醚的分子結構。直到現在，除此類型之外，其

171

他結構類型的青蒿素衍生物還沒有用於臨床的報道。

1986 年，青蒿素獲得了衛生部新藥證書。於 1992 年再獲得雙氫青蒿素新藥證書。該藥臨床藥效高於青蒿素 10 倍，進一步體現了青蒿素類藥物「高效、速效、低毒」的特點。

1981 年，世界衛生組織、世界銀行、聯合國開發計劃署在北京聯合召開瘧疾化療科學工作組第四次會議，有關青蒿素及其臨床應用的一系列報告在會上引發熱烈反響。我的報告是《青蒿素的化學研究》。20 世紀 80 年代，數千例中國的瘧疾患者得到青蒿素及其衍生物的有效治療。

聽完這段介紹，大家可能會覺得這不過是一段普通的藥物發現過程。但是，當年從在中國已有兩千多年沿用歷史的中藥青蒿中發掘出青蒿素的歷程卻相當艱辛。

1969 年，中醫科學院中藥研究所參加全國「523」抗擊瘧疾研究項目。經院領導研究決定，我被指令負責並組建「523」項目課題組，承擔抗瘧中藥的研發。這一項目在當時屬於保密的重點軍工項目。對於一個年輕科研人員，有機會接受如此重任，我體會到了國家對我的信任，深感責任重大，任務艱巨。我決心不辱使命，努力拚搏，盡全力完成任務！

　　這是我剛到中藥研究所的照片，左側是著名生藥學家樓之岑，他指導我鑒別藥材。從 1959 年到 1962 年，我參加西醫學習中醫班，系統學習了中醫藥知識。化學家路易·帕斯特說過「機會垂青有準備的人」。古語說：凡是過去，皆為序曲。然而，序曲就是一種準備。當抗瘧項目給我機遇的時候，西學中的序曲為我從事青蒿素研究提供了良好的準備。

　　接受任務後，我收集整理歷代中醫藥典籍，走訪名老中醫並收集他們用於防治瘧疾的方劑和中藥，同時調閱大量民間方藥。在匯集了包括植物、動物、礦物等 2000 餘內服、外用方藥的基礎上，編寫了以 640 種中藥為主的《瘧疾單秘

驗方集》。正是這些信息的收集和解析鑄就了青蒿素發現的基礎，也是中藥新藥研究有別於一般植物藥研發的地方。

當年我面臨研究困境時，又重新溫習中醫古籍，進一步思考東晉（公元 4-5 世紀）葛洪《肘後備急方》有關「青蒿一握，以水二升漬，絞取汁，盡服之」的截瘧記載。這使我聯想到提取過程可能需要避免高溫，由此改用低沸點溶劑的提取方法。

關於青蒿入藥，最早見於馬王堆三號漢墓的帛書《五十二病方》，其後的《神農本草經》《補遺雷公炮製便覽》《本草綱目》等典籍都有青蒿治病的記載。然而，古籍雖多，卻都沒有明確青蒿的植物分類品種。當年青蒿資源品種混亂，藥典收載了兩個品種，還有四個其他的混淆品種也在使用。後續深入研究發現：僅 *Artemisia annua L.* 一種含有青蒿素，抗瘧有效。這樣客觀上就增加了發現青蒿素的難度。再加上青蒿素在原植物中含量並不高，還有藥用部位、產地、採收季節、純化工藝的影響，青蒿乙醚中性提取物的成功確實來之不易。中國傳統中醫藥是一個豐富的寶藏，值得我們多加思考，發掘提高。

70 年代中國的科研條件比較差，為供應足夠的青蒿有效部位用於臨床，我們曾用水缸作為提取容器。由於缺乏通風設備，又接觸大量有機溶劑，導致一些科研人員的身體健康受到了影響。為了儘快上臨床，在動物安全性評價的基礎上，我和科研團隊成員自身服用有效部位提取物，以確保臨床病人的安全。當青蒿素片劑臨床試用效果不理想時，經過努力堅持，深入探究原因，最終查明是崩解度的問題。改用青蒿素單體膠囊，從而及時證實了青蒿素的抗瘧療效。

1972 年 3 月 8 日，全國「523」辦公室在南京召開抗瘧藥物專業會議，我代表中藥所在會上報告了青蒿 191 提取物對鼠瘧、猴瘧的結果，受到會議極大關注。同年 11 月 17 日，在北京召開的全國會議上，我報告了 30 例臨床全部顯效的結果。從此，拉開了青蒿抗瘧研究全國大協作的序幕。

今天，我再次衷心感謝當年從事「523」抗瘧研究的中醫科學院團隊全體成員，銘記他們在青蒿素研究、發現與應用中的積極投入與突出貢獻。感謝全國「523」項目單位的通力協作，包括山東省中藥研究所、雲南省藥物研究所、中國科學院生物物理所、中國科學院上海有機所、廣州中醫藥

大學以及軍事醫學科學院等，我衷心祝賀協作單位同行們所取得的多方面成果，以及對瘧疾患者的熱誠服務。對於全國「523」辦公室在組織抗瘧項目中的不懈努力，在此表示誠摯的敬意。沒有大家無私合作的團隊精神，我們不可能在短期內將青蒿素貢獻給世界。

WHO 總幹事陳馮富珍在談到控制瘧疾時有過這樣的評價，在減少瘧疾病例與死亡方面，全球範圍內正在取得的成績給我們留下了深刻印象。雖然如此，據統計，全球 97 個國家與地區的 33 億人口仍在遭遇瘧疾的威脅，其中 12 億人生活在高危區域，這些區域的患病率有可能高於 1/1000。統計數據表明，2013 年全球瘧疾患者約為 19800 萬人，瘧疾導致的死亡人數約為 58 萬，其中 78% 是 5 歲以下的兒童。90% 的瘧疾死亡病例發生在重災區非洲。70% 的非洲瘧疾患者應用青蒿素複方藥物治療（Artemisinin-based Combination Therapies, ACTs）。但是，得不到 ACTs 治療的瘧疾患兒仍達 5600 萬到 6900 萬人之多。

在大湄公河地區，包括柬埔寨、老撾、緬甸、泰國和越南，惡性瘧原蟲已經出現對於青蒿素的抗藥性。在柬埔

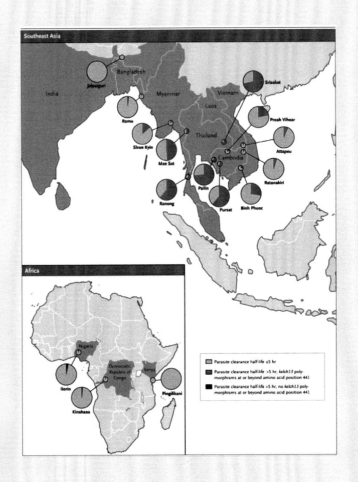

Southeast Asia

India
Bangladesh
Myanmar
Laos
Vietnam
Thailand
Cambodia

Jalpaiguri
Ramu
Shwe Kyin
Mae Sot
Ranong
Pailin
Pursat
Binh Phuoc
Ratanakiri
Attapeu
Preah Vihear
Srisaket

Africa

Nigeria
Democratic Republic of Congo
Kenya

Ilorin
Kinshasa
Pingilikani

☐ Parasite clearance half-life ≤5 hr
■ Parasite clearance half-life >5 hr, *kelch13* polymorphisms at or beyond amino acid position 441
■ Parasite clearance half-life >5 hr, no *kelch13* polymorphisms at or beyond amino acid position 441

寨-泰國邊境的許多地區,惡性瘧原蟲已經對絕大多數抗瘧藥產生抗藥性。請看今年報告的對於青蒿素抗藥性的分佈圖,紅色與黑色(編者按:在本書中均為深色底)提示當地的惡性瘧原蟲出現抗藥性。可見,不僅在大湄公河流域有抗藥性,在非洲少數地區也出現了抗藥性。這些情況都是嚴重的警示。

世界衛生組織 2011 年推出了遏制青蒿素抗藥性的全球計劃。這項計劃出台的目的是保護 ACTs 對於惡性瘧疾的有效性。鑒於青蒿素的抗藥性已在大湄公河流域得到證實,擴散的潛在威脅也正在考察之中。參與該計劃的 100 多位專家們認為,在青蒿素抗藥性傳播到高感染地區之前,遏制或消除抗藥性的機會其實十分有限。遏制青蒿素抗藥性的任務迫在眉睫。為保護 ACTs 對於惡性瘧疾的有效性,我誠摯希望全球抗瘧工作者認真執行 WHO 遏制青蒿素抗藥性的全球計劃。

在結束之前,我想再談一點中醫藥。「中國醫藥學是一個偉大寶庫,應當努力發掘,加以提高。」青蒿素正是從這一寶庫中發掘出來的。通過抗瘧藥青蒿素的研究經歷,深感

中西醫藥各有所長，二者有機結合，優勢互補，當具有更大的開發潛力和良好的發展前景。大自然給我們提供了大量的植物資源，醫藥學研究者可以從中開發新藥。中醫藥從神農嚐百草開始，在幾千年的發展中積累了大量臨床經驗，對於自然資源的藥用價值已經有所整理歸納。通過繼承發揚，發掘提高，一定會有所發現，有所創新，從而造福人類。

最後，我想與各位分享一首我國唐代有名的詩篇，王之渙所寫的《登鸛雀樓》：「白日依山盡，黃河入海流。欲窮千里目，更上一層樓。」請各位有機會時更上一層樓，去領略中國文化的魅力，發現蘊含於傳統中醫藥中的寶藏！

衷心感謝在青蒿素發現、研究和應用中做出貢獻的所有國內外同事們、同行們和朋友們！

深深感謝家人的一直以來的理解和支持！

衷心感謝各位前來參會！

謝謝大家！

屠呦呦年表

1930	⋯	1936-1941	⋯	1941	⋯	1941-1943	⋯	1943-1945

十二月三十日，出生於浙江省寧波市開明街五〇八號

就讀於寧波私立崇德小學初小

寧波淪陷後，遷入開明街二十六號姚宅

就讀於寧波私立鄮西小學高小

就讀於寧波私立器貞中學初中

| 1945-1946 | ⋯ | 1948-1950 | ⋯ | 1950-1951 | ⋯ | 1951-1955 |

- 就讀於寧波私立甬江女中初中

- 就讀於寧波私立效實中學高中
- 其丈夫李廷釗於一九四四至一九五一年也就讀於效實中學

- 就讀於浙江省立寧波中學高中

- 就讀於北京大學醫學院藥學系

| 1955 | ⋯ | 1959-1962 | ⋯ | 1963 | ⋯ | 1965 | ⋯ | 1968 |

- 畢業分配至衛生部中醫研究院，任職於中藥研究所

- 脫產參加「西醫離職學習中醫班」

- 與李廷釗在北京結婚

- 五月，大女兒李敏在北京出生

- 九月，小女兒李軍在寧波出生

1969	⋯	1971	⋯	1972

- 十二月初，鼠瘧試驗確認十一月八日得到的結晶有顯效（曾稱為「青蒿針晶三」等）
- 九月二十五日至十一月八日，課題組先後分離得到幾種結晶
- 八至十月，在海南昌江瘧區及北京三〇二醫院開展了三十例惡性瘧與間日瘧臨床驗證
- 七月，參加青蒿提取物人體試驗，以身試藥

- 十月，發現乙醚中性提取物對瘧原蟲的抑制率達 100%

- 七月，屠呦呦第一次到海南瘧疾現場開展工作
- 四月，編輯完成包含六百四十個方藥的《瘧疾單秘驗方集》
- 一月，被任命為「抗瘧中草藥研究」課題組組長
- 一月二十一日，正式參加全國「五二三」項目

1989 年，
屠呦呦的學生的碩士論文答辯會

1973	⋯	1974	⋯	1975	⋯	1979	⋯	1980

- 三至四月，確定青蒿素的分子式及分子量

- 九至十月，在海南昌江瘧區進行青蒿素的臨床首次試用，確認了其抗瘧效果

- 九月，製備青蒿素衍生物，發現雙氫青蒿素

- 十月，海南現場臨床確認青蒿素抗瘧療效

- 一月，與中科院上海有機化學研究所協作研究青蒿素分子結構

- 後期，與中科院生物物理研究所協作用 X 衍射方法研究青蒿素分子結構

- 十一月三十日，青蒿素分子結構確定

- 任中國中醫研究院中藥研究所副研究員

- 被聘為中國中醫研究院中藥研究所碩士研究生導師

2002 年，
中－非傳統醫學發展與合作論壇

1985 ··· 1986 ··· 1992 ··· 2001 ··· 2003

・任中國中醫研究院中藥研究所研究員

・獲批青蒿素《新藥證書》

・獲批雙氫青蒿素《新藥證書》

・被聘為中國中醫研究院中藥研究所博士研究生導師

・獲治療紅斑狼瘡和光敏性疾病的含雙氫青蒿素的藥物組合物專利證書

1995 年，表彰全國勞動模範和先進工作者大會

2005 年，
屠呦呦的學生的博士論文答辯會

2004 ⋯ 2009 ⋯ 2011 ⋯ 2015 ⋯

獲第三屆中國中醫科學院唐氏中藥發展獎

九月，獲美國拉斯克臨床醫學獎

六月，獲華倫‧阿爾波特獎

十月，獲諾貝爾生理學或醫學獎

六月，獲治療紅斑狼瘡藥物雙氫青蒿素片的臨床研究批件

二月，獲抗瘧新藥複方雙氫青蒿素專利證書

2015 年，華倫‧阿爾波特獎

186

參考資料

1. 周興：《屠呦呦》，參見《20 世紀中國知名科學家學術成就概覽·醫學卷·藥學分冊》，科學出版社 2013 年版。

2. 屠呦呦編著：《青蒿及青蒿素類藥物》，化學工業出版社 2009 年版。

3. 徐季子等著：《寧波史話》，浙江人民出版社 1986 年版。

4. 李娜：《呦呦弄蒿》，《科技導報》2015 年第 33 卷第 20 期。

5. 蔣昕捷：《屠呦呦，遲到的榮譽》，《財新週刊》2011 年第 38 期。

6. 李珊珊：《發現屠呦呦》，《南方人物週刊》2011 年第 35 期。

1958 年，屠呦呦被授予衛生部機關青年社會主義建設積極份子。

奖　状

屠呦呦同志，在一九六九年执行
五二三任务中，高举毛泽东思想伟大红旗，
活学活用毛泽东思想，成绩显著，荣获五
好队员称号，特发此状，以资奖励。

广东地区五二三领导组
一九六九年十一月十四日

1969年，屠呦呦在執行「523」任務中榮獲「五好隊員」稱號。

1978 年，在全國科學大會上，
衛生部中醫研究院中藥研究所「523」組獲全國先進工作者和先進集體獎。

1979 年 9 月，抗瘧新藥 —— 青蒿素獲國家科學技術二等獎。

2012 年 2 月，屠呦呦獲頒「全國三八紅旗手」獎章。

2002 年 4 月，屠呦呦獲頒「新世紀巾幗發明家」稱號。

2011 年，屠呦呦獲頒拉斯克獎。

| 責任編輯 | 鄭海檳 |
| 書籍設計 | 吳冠曼 |

書　　名	屠呦呦傳
編　　著	《屠呦呦傳》編寫組
出　　版	三聯書店（香港）有限公司
	香港北角英皇道 499 號北角工業大廈 20 樓
	Joint Publishing (H.K.) Co., Ltd.
	20/F., North Point Industrial Building,
	499 King's Road, North Point, Hong Kong
香港發行	香港聯合書刊物流有限公司
	香港新界大埔汀麗路 36 號 3 字樓
印　　刷	中華商務彩色印刷有限公司
	香港新界大埔汀麗路 36 號 14 字樓
版　　次	2016 年 2 月香港第一版第一次印刷
規　　格	32 開（130 × 185 mm）208 面
國際書號	ISBN 978-962-04-3901-8

© 2016 Joint Publishing (H.K.) Co., Ltd.

Published in Hong Kong

ISBN 978-962-04-3901-8

9 789620 439018

HK$ 98.00